迈向高地
深圳高质量发展
探索与实践
企业卷

王小广 —— 主编

书贤 —— 著

深圳出版社

主编：王小广

中共中央党校（国家行政学院）经济学部副主任、研究员、博士生导师。1995年获得中国社会科学院研究生院博士学位。曾长期就职于国家发改委经济研究所，先后担任经济形势研究室主任和发展战略与规划研究室主任。2009年调入国家行政学院，担任决策咨询部副主任。曾连续9年主持国家发改委宏观经济研究院重点课题"宏观经济形势跟踪、预测和对策"。在《人民日报》《经济日报》《经济学动态》《管理世界》等报刊发表论文400多篇。独立或主笔完成的著作10余部，如《中国经济高速增长是否结束？》《中国发展新阶段与模式转型》《新时代宏观调控创新》《治堵经济学》；还主持和参与10多项其他部委和地方政府委托的规划课题。2019年受深圳市委委托，担任重大课题"深圳如何建设'两范'城市"的主持工作。

前　言
一座城市的追求

改革开放之前的深圳，是一座缺钱、缺人、缺资源的边陲小镇，毫不夸张地说，深圳缺乏大城市发展所需要的一切资源和基础。可偏偏就是这样一座看起来最不可能发展起来的边陲小镇，40 多年后竟然成长为以"创新"为特色的国际化大都市，深圳令人瞩目的发展成就成为中国改革开放的一面旗帜，创新发展的一个标杆，被誉为中国奇迹，也是世界奇迹。

深圳的迅速发展，归根结底是源自这座城市对创新坚定不移的追求，源自对新一轮高新技术产业的准确把握，迅速实现了城市的产业转型：从出口导向型经济升级为极具科技含量的创新型经济。

众所周知，作为我国改革开放的试验田，深圳经历了 20 世纪 80 年代至 90 年代初期的体制创新和政策创新，以及 90 年代中后期的区域产业创新和技术创新，经济发展实现了三大转变：第一，深圳利用毗邻港澳的区位优势和经济特区的政策优势，以加工贸易起家，工业发展逐渐从依靠"三来一补"向以高新技术产业为主导的方向转变；第二，高新技术产业发展从依赖外资为主向推动自主创新为主导转变，涌现出一批具有较强自主创新能力的企业；第三，经济增长方式从资源消耗型向质量效益型转变，努力实现了从"深圳制造"到"深圳创造"的转变。上述"三个转变"为深圳建设国家创新型城市夯实了产业基础。

2017 年，深圳的经济总量达到 2.24 万亿元，在内地大中城市中仅次于上海和北京，已和香港旗鼓相当，成为珠江三角洲经济增长的火车头。2018 年 2 月，国务院批复《关于深圳市创建国家可持续发展议程创新示范区的请示》，同意深圳市以创新引领超大型城市可持续发展为主题，建设国家可持续发展议程创新示范区。

2019 年，深圳迎来了"双区驱动"的全新发展机遇。深圳把创新作为城市发展主战略，取得了显著成效，极大地提升了创新发展能力，也被国家赋予了新的历史使命。深圳承担起建设中国特色社会主义先行示范区的任务，不仅在经济发展领域要发挥先行示范的作用，而且要体现"五位一体"的全面发展要求、在践行新发展理念上作出表率。2023 年 1 月，广东省高质量发展大会在广州召开，广东省委副书记、深圳市委书记孟凡利指出，深圳要在高质量发展中坚决走在前列、勇当尖兵。

高质量发展是中国式现代化的本质要求之一，是全面建设社会主义现代化国家的首要任务。在党的二十大报告中，高质量发展被赋予了极端重要的地位。高质量发展表现为经济增长的第一动力是创新，表现为经济增长具有区域、产业、社会等各方面的内在协调性，表现为绿色增长、人与自然和谐是经济增长的普遍形态，表现为全面开放、内外联动是经济增长的必由路径，表现为经济增长成果由全体人民共享。①高质量发展离不开创新发展，深圳要成为高质量发展高地，根本出路在于实施创新驱动发展战略，加快建设现代化产业体系，培育壮大市场主体。

深圳要当高质量发展的排头兵，需要按照规划脚踏实地去实现目标。一方面基于国家赋予的新历史使命，另一方面结合深圳实际，2023年春天，深圳市发布《深圳市可持续发展规划（2017—2030年）（2022年修订）》（以下简称《规划》）及《深圳市国家可持续发展议程创新示范区建设方案（2022—2025年）》（以下简称《建设方案》），在更高起点、更高层次、更高目标上推进深圳市国家可持续发展议程创新示范区建设，努力创建国家可持续发展议程创新示范区先锋城市，为落实2030年可持续发展议程提供深圳经验、贡献深圳智慧。《规划》明确下一步可持续发展目标：到2025年，建成现代化国际创新型城市，基本实现社会主义现代化。到2030年，建成引领可持续发展的全球创新城市，可持续发展达到国际一流水平。

《建设方案》以"创新引领、问题导向、多元参与、深化改革"为原则，提出了深圳未来三年的五大发展目标：更具国际影响的创新活力之城、更加宜居宜业的绿色低碳之城、更高科技含量的智慧便捷之城、更高质量标准的普惠发展之城、更加开放包容的现代文明之城。

从《规划》和《建设方案》中，可以看出深圳这座城市的追求。深圳作为现代国际化大都市，所瞄准的五大目标浓缩成5个词语就是"创新、宜居、科技、普惠、文明"。为更好实现发展目标，《建设方案》明确未来三年深圳将开展六大重点行动，包括科技创新引领力提升行

---

① 黄群慧. 新时代中国经济现代化的理论指南[N]. 经济日报，2021-10-21（12）.

动、人才强市战略支撑行动、碳达峰碳中和行动、人与自然和谐共生的美丽中国典范行动、"健康中国"先锋示范行动、社会治理现代化标杆行动。其中，科技创新引领力提升行动具体为深化科教兴国战略、人才强国战略、创新驱动发展战略的"深圳实践"。实施基础研究夯基、关键核心技术攻坚、成果产业化加速、科技金融融合、创新竞争力跃升五大工程。

由此可见，创新已经成为融入深圳人血脉里的强大基因，对创新的追求也内化为这座城市的不朽灵魂。创新是深圳高质量发展的原动力，发展新质生产力是高质量发展的内在要求和重要着力点。

为了更好地总结深圳发展新质生产力、为高质量发展注入强劲推动力和支撑力的经验，我们特别策划出版了《迈向高地：深圳高质量发展探索与实践》丛书。本丛书分两册，上册"企业卷"介绍深圳企业高质量发展的经验和特点，重点挑选深圳"20+8"产业集群中的企业，对它们的创新路径和典型经验进行挖掘，形成供广大企业借鉴的"高质量发展指南针"，这里既介绍了国家级专精特新"小巨人"企业积木易搭和上市公司健康元集团如何持续创新、第五届中国创新创业大赛生物医药行业全国总冠军团队如何创办中科先见进行产业化的经验，也探讨了亚洲规模最大的中国杯帆船赛如何打造最有价值的体育赛事 IP（知识产权）。此外，深圳高质量发展与新结构研究院牵头哈工大（深圳）课题组，编制深圳企业高质量发展评价指标体系，对引导企业实践高质量发展具有重要的启迪意义。下册"政府卷"介绍深圳市各区的高质量发展经验，主要研究各区如何构建高水平社会主义市场经济体制、建设现代化产业体系、促进区域协调发展、推进高水平对外开放，从中可以看到深圳在推动建设支持全面创新的基础制度方面的积极探索和实践，包括明确产业战略定位，建设创新载体，制定质量战略、人才战略和国际化战略等。

这是党的二十大胜利召开之后出版的第一部系统梳理深圳高质量发展和发展新质生产力经验的丛书，将对我国的科技创新事业和高质量发展起到巨大推动作用。深圳在建设粤港澳大湾区和建设中国特色社会主义先行示范区的"双区驱动"时代背景下，承担了更为重大的历史使命。深圳的经验是改革开放的经验，是实践的经验、发展的经验。总结过去，是为了更好地面对未来。笔者希望深圳在高质量发展道路上所做的有益探索，能为国内其他城市的高质量发展提供参考和借鉴。

目　录

第一章

创新驱动是企业转型
升级的必由之路

深圳因改革而生，因改革而兴，改革创新精神是深圳的"根"和"魂"。40 多年前，深圳经济特区从零起步，改革开放总设计师邓小平曾如此叮嘱："只有政策""没有钱"，你们自己去"杀出一条血路来"。深圳人冒着巨大的风险，以一种大无畏的敢为人先、勇往直前的精神，不断突破一系列思想禁锢，开创了诸多具有重大历史意义的"全国第一"：第一次拍卖国有土地使用权、第一次打破"铁饭碗"的劳动工资改革、第一次放开市场的价格体制、第一次实行股份制的国有企业改革……

创新之魂，经过时间的锤炼而不断升华，愈加精彩夺目。人们看到一批批优秀的企业在深圳这片沃土上迅速成长起来，而创新精神是深圳成功企业最宝贵、最重要的基因。应该说，崇尚创新是深圳企业发展的现实选择，经过激烈市场竞争的检验和大浪淘沙的筛选，创新基因融入了深圳企业的骨髓和血脉，"创新则生，不创新则死"，已经成为深圳企业家群体普遍的信条。

经过 40 多年的发展，深圳形成以企业为主体的创新机制，企业成为研发和创新投入的主体和推动科技成果转化的主力军。企业可以根据市场的供给和需求获取创新资源，全社会的创新资源得以盘活，完整的创新链得以形成。正是在这种崇尚创新文化的基础上形成的市场机制，使深圳具备了在全国乃至全世界范围配置创新要素的能力和条件，创新型企业也因此成批涌现，生生不息，形成新质生产力。深圳崇尚创新，先行先试，探索出一条新质生产力赋能高质量发展之路。

一、形成以企业为主体的创新机制

有这样一组数据十分亮眼：2023 年，全社会研发投入 1880.5 亿元、增长 11.8%，占地区生产总值比重提升至 5.81%。华为高端手机重返市场，体外膜肺氧合仪、核磁共振设备实现国产化。两项创新成果入选中国十大科技进展，PCT 国际专利申请量连续 20 年居全国城市首位。深港穗科技集群连续 4 年排名全球第二。新增国家高新技术企业 1615 家，总量 2.47 万家。国家级专精特新"小巨人"企业 742 家，居全国城市第二。[①]

其实，早在 2006 年初，时任深圳市委书记李鸿忠在全国科学技术大会上的发言就对外披露了颇具深圳特色的"4 个 90%"——90% 以上的研发机构、90% 的研发人员都在企业，90% 的研发经费来自企业，90% 的专利由企业申请。

[①] 来源：2024 年《深圳市政府工作报告》，深圳市第七届人民代表大会第五次会议，2024 年 1 月 30 日。

由此可见，企业是深圳研发创新投入的主体，也是科技成果转化的主体。经过当地政府的政策引导，依托深圳经济特区的集聚优势，企业自主创新蔚然成风，形成了以企业为主体的创新机制，推动了深圳高新技术产业高歌猛进。

1. 市场需求驱动创新发展

深圳作为改革开放的窗口，经过对外开放合作，形成了以企业为主体聚集创新资源的经济形态，包括贸易加工、技术引进、购买专利这 3 种模式。

贸易加工模式，以深圳长城开发科技股份有限公司为例，企业成立之初，外资以技术和市场入股，外方负责提供先进技术，同时负责产品的对外销售。随着合作深入进行，中方人员逐步参与技术研发和市场营销活动，还成立了产品研发部门。经过多年发展，公司以中方为主导，产品在国际市场占有率达到 20%。这一模式利用加工贸易，将利益与外方深度捆绑，利用外方的先进技术和国际销售渠道，生产规模不断扩大，然后进行再创新、形成自主知识产权，企业在国际市场上就有了更为出色的表现。

技术引进模式，主要是指在制造领域的大型科技企业从海外引进成套设备和关键技术，在深圳设立合资企业，针对国内巨大的市场需求研发相关产品。技术引进这一模式较好地提高了深圳制造业的发展水平。

购买国外专利技术在深圳实现产业化，这是深圳高科技企业创新的又一重要途径。比如，中国国际海运集装箱（集团）股份有限公司（以下简称"中集集团"）曾购买德国专利，通过对专利技术的吸收和再次创新，中集集团实现了技术腾飞。后续又购买了英国 UBH、荷兰博格等国际知名企业的专利，发展成为全球最大的罐箱生产商。中集集团自身也不断进行技术吸收和再创新，业绩逐年迅速攀升，2021 年首次实现总营收超千亿元，达 1637 亿元；新增专利申请 493 件，累计维持有效专利 4363 件，综合研发成果获评中国企业专利实力 500 强第 73 名。中集集团始终坚持制造业数字化、智能化和绿色化的升级转型之路，旗下已有 6 家企业入选国家级专精特新"小巨人"，制造业核心竞争力获得高度认可，成为当之无愧的行业领军企业。

市场需求驱动创新发展，其中，企业在协同创新中起到主导作用，由企业提出研发的需求和研发的方向，让创新活动更加高效。比如，深圳先进院 2006 年刚刚成立不久，当时准备发展新材料研究方向，但具体选择哪个方向去做呢？先进院材料所首任所长孙蓉回忆道："我们只知道材料很重要，具体研究方向是企业需求给了我们启发。那时候，深南电路公司提出薄膜电容用量很大，但完全依赖进口，问我们是否可以国产化。经过调查研究，我们决定研发埋入式电容。经过七八年的开发，2014 年，埋入式电容已经实现了量产，并逐渐取代进口，价格是进口薄膜电容的一半。"类似这样针对来自企业的需求，深圳先进院材料团队攻坚克难，成功研发出超薄芯片加工的临时键合材料、系统级封装用的高性能热界面材料等，其研究和应用水平都处于国际领先地位。

深圳市场经济活跃，外向型程度高。因此，来自市场的大量需求强有力地推动了科技创新发展。深圳成为全国首屈一指的创新高地，成长出华为、迈瑞、大疆、中兴通讯、腾讯、中集等一大批科技企业。通过面向市场需求不断推出新产品和新服务，发展成为具有国际影响力和强大竞争力的龙头企业。

2. 企业是研发和创新投入的主体

我国曾经受计划经济模式的长期影响，形成了由政府主导技术创新决策的体制。过去很长一段时间，我国主要的创新活动大多集中在高等院校和科研机构里，企业尚未成为自主创新主体，企业数量和企业实力也不足以支撑各类创新活动，而高校的科研成果由于脱离市场需求，难以直接转化为现实生产力。政府主导技术创新，最大的问题是技术创新脱离了市场需求，只有当企业成为技术创新主体的时候，创新活动才会富有效率，才能最大限度地把科技与经济"两张皮"结合在一起，才能把科技成果较好地转化成现实生产力。

在市场经济发达的深圳，出现了一个与国内其他城市不同的现象：由于企业不仅是技术创新的主导力量，也是技术创新活动的实施者和受益者。因此，企业成为研发和创新投入的主体，企业研发投入占全社会研发投入比重超过90%。

深圳培育了一大批敢为人先的企业家，他们在科研项目选择、技术路线确认、市场策略决策方面发挥着主导作用，他们根据市场需求确定技术研发方向，组织科研团队，不断创新产品，再将新产品投放到市场，根据市场反应，又反馈到研发部门，不断升级迭代、改善产品。这种决策由于贴近市场需要，所以效率很高，企业成为技术创新真正的主导者，进而增强了深圳产业的韧性，尤其在中美科技竞争中，深圳企业的创新能力经受了极大考验，同时也得到了显著提升。

任正非在2023年春的"难题揭榜"火花奖获奖者及出题专家座谈会上说，华为用了近20年时间，在基础理论上做了准备，投了几千亿元培养出一批研究基础理论的科学家、研究技术诀窍的专家。他们一直在爬科学的"喜马拉雅山"。当华为受打压时，就请这些科学家到"山脚"来"放羊""种地"……拿着"手术刀"参加"杀猪"的战斗。他说："我们用三年时间内完成 13000+ 颗器件的替代开发、4000+ 电路板的反复换板开发……直到现在我们的电路板才稳定下来，因为我们有国产零部件供应了。今年 4 月，我们的 MetaERP 将会宣誓，完全用自己的操作系统、数据库、编译器和语言……做出了自己的管理系统 MetaERP 软件。"2022 年，华为研发经费为 1615 亿元，同比增长 15%。2023 年，华为研发费用为 1647 亿元，占全年收入的 23.4%，近十年累计投入的研发费用超过 11100 亿元。可见，当企业的研发投入积累到一定阶段，就可以从量变到质变，帮助企业筑起更高的"护城河"。

像华为这样不惜重金投入研发的深圳企业举不胜举，比如，腾讯 2021 年研发投入达到 518 亿元，同比增加 33%。过去一年中，腾讯每个季度的研发支出平均增长 35%，投入较 2018 年几乎翻番。2023 年腾讯研发投入达到 640.78 亿元，自 2018 年至今其研发投入累计超过 3000 亿元。① 又如，迈瑞医疗自成立以来，始终将自主技术创新作为打造核心竞争力的关键，坚持进行持续增长的研发投入，且研发投入占营业收入的比例长期高达 10% 左右。有数据显示，2018 至 2021 年，迈瑞医疗研发投入金额分别达 14.20 亿元、16.49 亿元、20.96 亿元、27.26 亿元，连年高速增长。研发投入占营业收入比例分别达 10.33%、9.96%、9.97%、10.79%，持续保持约 1/10 营收投入研发的市场高标准，2021 年更是再创新高。长期不遗余力地投入研发，使公司逐步构

---

① 中华全国工商联合会. 2024中国民营企业500强榜单及调研分析报告[R].2024-10-12.

建起国际领先的医疗产品创新（Medical Product Innovation，MPI）体系，拥有深圳、武汉、南京、北京、西安、成都，美国硅谷、新泽西、西雅图以及欧洲十大研发中心，形成庞大的全球化研发网络，并探索形成了一套以企业为主导、以市场为导向的产学研一体化合作模式，为研发成果快速产品化、产业化打下坚实的基础。

深圳企业从创新中尝到甜头，从持续创新中获得更大的市场份额，舍得把更多资金投入研发。企业成为研发创新的主体，是社会主义市场经济发展的结果。

可喜的是，随着我国科技体制改革不断深入，技术创新体系的导向逐渐由过去政府主导转变为企业主导，转变为构建以企业为主体、市场为导向、产学研相结合的技术创新体系。国家"十一五"规划明确提出，要建立以企业为主体、市场为导向、产学研相结合的技术创新体系。党的十八大报告再次明确要着力构建以企业为主体、市场为导向、产学研相结合的技术创新体系。

党的二十大报告中明确指出："加强企业主导的产学研深度融合，强化目标导向，提高科技成果转化和产业化水平。强化企业科技创新主体地位，发挥科技型骨干企业引领支撑作用，营造有利于科技型中小微企业成长的良好环境，推动创新链产业链资金链人才链深度融合。"上述重要论述，显示出强化企业科技创新主体地位的战略意义，进一步深化了对创新发展规律的认识，完善了创新驱动发展战略体系的布局，为新时代更好地发挥企业在创新体系中的主导作用指明方向。

3. 企业是科技成果转化的主体

科技成果转化是科学技术发挥第一生产力作用的关键，而企业在科技成果转化中则占据了主体地位。当今时代，科技创新成为提高社会生产力、提升国际竞争力、增强综合国力、保障国家安全的重要战略支撑，科技成果转化作为科技创新的重要组成部分，正日益受到国家的重视，促进科技成果转化对于推进供给侧结构性改革、推动经济转型升级和调整产业结构、塑造经济发展的新动力具有深远意义。党中央、国务院经过系统性部署，全面推行一系列重大决策，贯彻落实《中华人民共和国促进科技成果转化法》，推动科技成果转化，加快产业结构调整。

在科技成果转化的过程中，企业处于主体地位，能够很好地发挥市场配置科技创新资源。对于企业而言，企业的生存和发展本质上取决于自身的技术创新能力、吸纳科技成果能力和经营能力，科技创新能力是企业综合实力的支撑。只有不断提高企业是科技成果转化主体的认识，才能积极推动企业勇挑重担，促进科技成果转化，为经济发展提供强有力的支撑。

在深圳科技产业高质量发展的实践中，证明了产业合作协同创新是成果转化的重要保障，企业在协同创新中积极发挥主体作用。企业与高校、科研院所建立联合实验室或者研发中心，这种协同创新模式解决了原来在成果转化中的"两张皮"问题，合作开发也逐渐在深圳产业合作中成为主流合作模式，合作成果不仅引导企业进入了原来未知的新兴产业领域，也很好地引导了高校和科研机构将研究单元的研究方向与产业实际需求相结合，为顺利产业化打好基础，有效地提高成果转化的成功率。

深圳企业勇当推动成果转化的主力军，他们有敏锐的市场嗅觉，根据市场的需求，与科研院所合作开发，协同创新，为促进科技成果转化、提升我国科技竞争实力、推动经济转型发展贡献了重要的力量。

二、企业多维度实现高质量发展

高质量发展是国家宏观经济转型的目标，作为经济活动的基本单元，企业也承担着高质量发展的重要任务。那么，企业高质量发展应该如何评价？企业又应如何实现高质量发展？这是当前我国经济发展中亟须研究的一个新课题。

深圳高质量发展与新结构研究院牵头哈工大（深圳）课题组，在深圳市市场监督管理局、市工商联的指导下，连续第三年编制深圳企业高质量发展评价指标体系（以下简称"指标体系"），2022年开展了为期5个月的实地调研，旨在持续从企业微观层面探讨高质量发展的内涵，评价企业高质量发展水平，引导企业实现高质量发展。

党的二十大报告提出，高质量发展是全面建设社会主义现代化国家的首要任务。从产业维度而言，需要建设现代化产业体系。推进新型工业化，加快建设制造强国、质量强国、网络强国、数字中国。支持专精特新企业发展，推动制造业高端化、智能化、绿色化发展。推动战略性新兴产业融合集群发展，构建新一代信息技术、人工智能、生物技术、新能源、新材料、高端装备、绿色环保等一批新的增长引擎。构建优质高效的服务业新体系，推动现代服务业同先进制造业深度融合。加快发展数字经济，促进数字经济和实体经济深度融合，打造具有国际竞争力的数字产业集群。从企业维度而言，需要进一步完善中国特色现代企业制度，大力弘扬企业家精神，加快建设世界一流企业。

1. 以新发展理念作为设计框架

如今我国已进入高质量发展阶段，调结构、转方式任务十分艰巨。持续编制和推行评价、引导企业高质量发展的指标体系，是学术界落实国家高质量发展战略的一项重要举措。

哈工大（深圳）课题组编制深圳企业高质量发展评价指标体系，紧扣国家、深圳"十四五"规划内容，侧重创新维度，学习参考了深圳市市长质量奖评价体系，同时与联合国世界知识产权组织（WIPO）的全球创新 GII 指数衔接，以新发展理念作为设计框架，包括创新（要素投入、科学技术、数字化）、协调（融入大湾区产业链供应链、参与大湾区创新走廊研发合作）、绿色（能源、水、碳排放强度、废弃物）、开放（开发利用境外科研资源、深度参与全球产业链、外籍人才、开拓境外市场）、共享（员工共享企业发展、性别平等、社会责任、技术共享、经济成果共享）、效益（偿债能力、盈利能力、营运能力、发展能力）、公司治理与其他（守法合规、质量管理、高管稳定性）等七个维度，按制造业、建筑业、信软业、金融业、租赁商服业、科技服务业、文体娱乐业等七个行业编制 60 余项客观评价细项指标，形成内部关联的体系，以"单项—不同维度板块—全部指标体系"的分数，构成识别高质量发展企业的依据。编制这一指标体系，一方面可以引导企业高质量发展，另一方面收集分析的微观经济数据，可以辅助政府决策。

2. 指标数据亮点分析

2022 年 11 月 23 日，哈工大（深圳）数据安全研究院、深圳高质量发展与新结构研究院在深圳市南山区召开《深圳企业高质量发展评价指标体系（2022）白皮书（征求意见稿）》研讨会。哈工大（深圳）课题组组长李昕介绍，共有 109 家企业参与 2022 年指标体系评价并完成数据填报，其中制造业 53 家、信软业 22 家、建筑业 8 家、科技服务业 9 家、租赁商服业 4 家、文体娱乐业 5 家、金融业 2 家，业务内容超出上述七行业范围的 6 家企业，另作其他类。指标体系涵盖创新、协调、绿色、开放、共享、效益、其他等维度，各占 30%、10%、15%、10%、10%、20%、5% 的权重。

在这次研讨会上，深圳高质量发展与新结构研究院（以下简称"高新院"）助理研究员张致鹏在分析指标数据亮点时指出，在创新维度，参评企业硕博人员占比 8.59%、中位数 3.52%，高于全国、上海、北京平均水平；研发强度达 23.4%，远高于深圳上市公司 2.33% 的水平。34% 的参评企业与高校、院所开展研发合作，合作项目平均 1.3 个，合作金额平均 780 万元。

在协调维度，94% 的企业在粤港澳大湾区有上游供应商，平均占其总供应商 42.2%；91.4% 的企业在粤港澳大湾区有下游客户，平均占其总客户 29.6%。2022 年参评企业融入粤港澳大湾区价值链的程度超过 2021 年。

在共享维度，有 54% 的参评企业开展了慈善捐赠或扶贫等公益活动，涉及金额平均为 150 万元。其女性工资中位数是男性工资中位数的 89%，高于全国平均 82.95% 的水平；女性高管占比 33.1%，超出全国

（14.6%）、全球（24.0%）、欧洲（28.6%）平均水平，与北美（34.4%）大致相同。

3. 参评企业高质量专利评价

高新院知识产权研究中心主任李飞在参评企业高质量专利评价中介绍，指标体系采用是否在海外有同族专利权的发明专利；是否维持年限超过五年的发明专利；是否开展了质押融资的专利；是否经无效或诉讼仍维持有效，或成功维权的专利；是否获得国家、广东省和深圳市专利奖；是否属于国家、广东省和深圳市战略性新兴产业和未来产业领域的发明专利等标准来考察参评企业的专利质量，发现半数以上企业专利符合上述1—2项标准，整体表现较好。参评企业77%以上的高质量专利布局在战略性新兴产业和未来产业领域。

课题组特别就参评的专精特新企业高质量专利情况做了分析，其中参评的11家深圳市创新型中小企业高质量专利表现与参评企业平均水平一致，反映出整体参评企业高水准的创新产出。参评的12家国家级专精特新"小巨人"企业主要在制造业，83.3%的企业高质量专利达到两个以上标准、最高达到4个，表现优于深圳前三批169家国家专精特新"小巨人"企业高质量专利平均水平。

4. 效益维度指标分析

哈工大（深圳）经管学院高级讲师王世璇从企业盈利能力、成长能力、营运能力、偿债能力等方面分析了效益维度指标。

在盈利能力方面，行业差异明显。如金融业整体盈利能力都很高，建筑业企业都偏低；有些行业则内部差异很大，如信软业和制造业等。2019 至 2021 年，信软业、科技服务业和租赁商服业主营业务收入增长较快，整体高于全样本企业的主营业务收入增长率。同时，各行业在均值上都保持了主营业务收入的正向增长，说明企业依然保有以主营业务收入作为成长原动力的能力。

哈工大（深圳）数据安全研究院副院长韩培义就结合企业数据的指标体系（2022）做了可量化性、科学性、实用性和相关性分析，提出通过机器学习得出的最具代表性的十大指标。绿色维度的"人均能耗"、创新维度的"与高校科研院所研发合作数量"连续第二年进入最具代表性指标。"粤港澳大湾区上游供应商占比"成为首次进入最具代表性指标的协调维度指标。

5. 创新不是企业的孤立行为

编制深圳企业高质量发展评价指标体系获得香港中文大学（深圳）理事、深圳市原副市长唐杰的高度认可。他认为，《深圳企业高质量发展评价指标体系（2022）白皮书》是一份很有价值的报告，可以不断反映深圳创新从低到高、从小向大的发展路径，以及与周边城市的关系，企业创新高端化过程与大学、与科学的关系。他说："指标体系及其评价方式一是具有稳定性，以准随机方式获得样本企业，对于连续参评的企业，又可以获得更多连续可比数据。二是与创新主题的相关性。共享维度涉及的社会公平性与创新性具有一定的正相关关系，影响创新的可持续性。绿色维度也与创新维度相关联，企业绿色发展水平的提高，其实是一个产业升级、能源结构调整的过程。协调维度更主要反映空间的专业化分工过程，不同城市发展出不同的产业层次。"

课题组调研结论认为，创新驱动企业高质量发展，但创新并不是企业的孤立行为，政府在创新中发挥着重要作用，即构建复杂、多维的高水平创新体系。以深圳市政府为例，具体举措包括构造市场化、法治化、国际化的创新环境；提供基础设施、前瞻规划与产业基金，保障创新创业的公平机会，增强示范性与社会流动性；重视创新政策的可持续性；兼顾科学与实践的关系，发展大学以创造科学知识，重视应用以产生新的知识要求；构建大学体系、工程体系与企业结构形成的发达的创新网络等。

三、深企具有敏锐的市场嗅觉和国际视野

《深圳企业高质量发展评价指标体系（2022）白皮书》编制组实地调研了近 80 家参评深圳企业，寻求与企业家的直接交流、对参评企业的直观感受，并归纳了这些参评企业具有四大共性特点：

第一，拥有对事业极为"狂热"的创始人。第一代创始人往往数十年深耕同一行业，这大概率是他们第一份工作所在的行业，也是他们熟悉、理解远胜同侪的行业。第二代创始人多在传统行业发现海外的新

技术、新设备，将其引入国内，实现首台（套）生产或刷新行业生产模式；在公司发展进入稳定期后，拓宽视野，将业务向产业链上下游延伸。第三代创始人既有此前公司成功上市、财务自由，40 岁开始思索人生意义，另选赛道、散尽家财，重新创业的；也有从业十几年，觉得产品无法实现理想下海单干，失败后又回去上班，攒够了资源再组队下海的。最年轻的第四代创始人从大学期间就开始创业，有人尝试了几十个行业，选定既能自己赚钱，也能让小微企业受益的赛道；有人发挥研发或营销天赋，参加中国创新创业大赛出道，带领公司迅速从初创走向IPO。也许是年龄因素，也许受所在行业影响，新生代对自己创立的公司往往显得更为"狂热"和自信。

第二，企业家具有敏锐的市场嗅觉。深圳企业总能在第一时间捕捉新的市场需求，并迅速响应。有些因这些新产品、新服务而创立公司，每年服务数百万人群，开创一个细分行业；有些是传统行业，通过投入设计、研发和柔性制造，不断满足数字时代用户的新需求。除了功能上的响应之外，更有企业从设计入手，引领市场风潮，令人耳目一新。

第三，深圳企业家群体普遍拥有国际视野。深圳以外贸经济起家，城市经济外向型特征明显，很多企业的国际市场收入和利润均超过了国内市场。部分参评企业受中美经贸摩擦影响，逐渐将经营重心转向国内，同时积极拓展海外新兴市场。在市场端，有些参评企业与海外品牌终端密切合作，不断推出符合海外需求的新品；有些建设专注国际快递的物流和信息网络；有的精准抓住海外市场痛点和设计偏好，在远程视频会议设备、户外电源等领域创造出新的细分市场。在深圳企业深耕的东南亚市场，有些甚至已经深度融入了当地社会。在研发端，有的参评企业家带着硅谷技术和从业经验回深创业；有的与欧美科学家合作，联合同步研发。

第四，先进制造保持"克制"，综合考量产业链配套等因素。受深圳土地、用工成本限制，绝大多数参评企业的简单大规模制造均已迁往大湾区其他城市；迁往其他地区的，也主要考虑当地的配套产业链是否完备。留在深圳的制造主要有两类，一类是企业仅负责 BOM 或 PCB 打样，委外生产几乎所有零配件，最后仅做组装；另一类保留小型工厂用于试产调试，待产品定型后，再大规模委外制造。在上述两种情况中，企业都力推智慧工厂、无人制造，"机器换人"的整体步伐继续加快。

大量具备这些特征的企业诞生于深圳，眷恋深圳，归因于这座城市密集的创新创业要素——软硬件人才丰富、创投资金充沛、活跃规范的市场、帮忙不添乱的政府、与国际市场和科技情报零时差。上述要素之间不断地正向反馈，成就了这片滋养高质量发展企业的沃土。

《深圳企业高质量发展评价指标体系（2022）白皮书》明确提出，创新驱动企业高质量发展，企业的自主选择促进区域协调发展，低碳化是实现高质量发展的关键环节；对外开放水平反映企业发展质量；企业从增进员工、行业和社会福祉的过程中切实受益；企业高质量发展核心竞争力反映在其效益水平。①

---

① 深圳高质量发展与新结构研究院. 深圳企业高质量发展评价指标体系（2022）白皮书[R]. 2022-11-23.

【案例赏析 一】

中国杯帆船赛：打造深圳体育产业的亮丽名片

企业档案： 深圳市纵横四海航海赛事管理有限公司主要从事航海运动及航海文化领域相关业务，包括大型国际帆船赛事组织策划、开办帆船游艇驾驶学院、策划并运作航海产业相关项目、帆船游艇销售租赁等，在业内处于领先地位。纵横四海公司是海促会副会长单位、深圳市体育产业协会副会长单位、广东省帆船帆板协会副会长单位。2007年，纵横四海公司创办中国杯帆船赛，成为中国杯帆船赛的永久企业承办方和商业运营机构。

潮平两岸阔，风正一帆悬。2023年3月23日，第14届中国杯帆船大赛在深圳大亚湾海域拉开帷幕，这是时隔3年之后重启的国际体育大赛，来自中国大陆、台北、香港的选手，以及美国、法国、奥地利、俄罗斯、荷兰、挪威、新加坡、马来西亚等国家和地区的参赛者组成的100支帆船队齐聚大鹏海域参加角逐。激烈火爆的比赛场景让承办大赛的深圳市纵横四海航海赛事管理有限公司（以下简称"纵横四海公司"）CEO（首席执行官）钟勇很是感慨。

站在蔚蓝的海边，眺望远处白帆点点，钟勇脑海里再次浮现出2005年初春参与的一次环海行动——为了纪念郑和下西洋600年，纵横四海公司和6名深圳航海爱好者在法国船厂一起定制了一艘12米长的新型双体帆船"骑士号"，从法国西海岸拉罗谢尔港口出发，自驾帆船穿行大半个地球，途经 26 个国家和地区、45 个国际港口，航行路程约 11000 海里，最终回到深圳。这次被誉为"纵横四海"的洲际远航成为中国民间首次大型环球航行运动。以此为起点，纵横四海公司于 2007 年创办了首届中国杯帆船赛，经过 17 年的发展，中国杯帆船赛已成为中国第一，亚洲规模最大，知名度、影响力世界排名第三的国际大帆船赛事，成为深圳体育产业的一个金字招牌，在深圳高质量发展中焕发出强大的生机与活力。

图1-1 深圳市纵横四海航海赛事管理有限公司CEO钟勇

中国杯帆船赛应运而生

中国杯帆船赛是首个由中国人创办的大帆船国际赛事，也是唯一获得政府认可的以"中国杯"冠名的高端体育品牌赛事，而且是被列入世界帆船联合会赛历的重要赛事。经国家体育总局批准，中国杯帆船赛由国家体育总局水上运动管理中心、中国帆船帆板运动协会和深圳市文化广电旅游体育局主办。深圳市纵横四海航海赛事管理有限公司永久承办和运营管理。赛事每年在深圳举办一届，已经五次获得"亚洲最佳帆船赛"殊荣，世界帆船联合会 2015 年授予中国杯帆船赛"推动航海运动特别奖"。

为了打造这样一个具有国际影响力的体育品牌，作为承办单位，纵横四海公司在钟勇的带领下持续耕耘了 17 年，投入资金超 10 亿元，历经诸多挑战和困难，将中国杯帆船赛打造成深圳最耀眼的体育文化名片。

正所谓"万事开头难"，钟勇对帆船赛起步阶段发生的一些故事难以忘怀。2005 年下半年，"纵横四海"的洲际远航虽然结束了，影响却是深远的。深圳电视台对这次远航活动的连续报道引起了深圳市委宣传部的关注，钟勇和团队思考下一步应该如何基于这次活动的影响力构建一个公共产品 —— 中国杯帆船赛，以推动深圳水上运动产业的发展。他提出了通过政府主办、公司运营，采取市场化运作、社会人士广泛参与的模式来办帆船赛。

2006 年，深圳正在申办第 26 届世界大学生夏季运动会，深圳市政府决定把帆船帆板项目定为大运会的新增设项目，因此中国杯帆船赛顺利获得深圳市政府的高度重视与国家体育总局的大力支持。

"政府支持我们办中国杯帆船赛，但具体在哪一年举办更好，我们就要从市场化角度来考量了，如果 2008 年办赛，北京奥运会的举办肯定更具有热度，那么赞助商都去支持奥运会了；2009 年办赛，在奥运会之后政府和社会大众对一项新的体育赛事的关注度相较奥运会之前是会更高还是更低？考虑到这些因素，我们决定 2007 年秋天举办首届中国杯帆船赛，而且 2007 年是香港回归祖国十周年，我们创造性地设计了'港深拉力赛'项目，事实证明这次大赛举办得非常成功。"钟勇回忆道。

为了让参赛选手有更好的体验，中国杯帆船赛自 2007 年举办首届大赛开始，就在大亚湾海域赛场开辟了一个临时口岸，这一创新举措得到海关总署、交通运输部、公安部、口岸办等 7 个国家部委的联合支持。CNN 曾对首届中国杯帆船赛进行了约半小时的报道，提及临时口岸的设置体现出中国打开国门拥抱世界的胸怀。这项世界性体育盛事的成功

图1-2　首届中国杯帆船赛于2007年10月举办

举办，很好地彰显了深圳这座国际化城市的开放格局。

中国杯帆船赛扩大了深圳国际影响力

中国杯帆船赛以其较高的行业认可度吸引了全球各地顶尖的船队参与，受到了 CCTV、新华社、CNN、BBC、ESPN、路透社、新加坡《联合早报》等国际权威主流媒体的高度关注。以第13届中国杯帆船赛为例，2019年11月6日至10日，为期5天的比赛，到场观众超过3万人、媒体160余家，总计报道共821篇，并进行了3D全景赛事直播、海陆双栖解说，赛事直播总观看量高达797万人次。

稀缺的帆船题材、精彩的比赛、丰富的关联活动、优质的受众，汇聚多个元素搭建了一个绝佳的商业展示平台，在诸多国际企业期待开拓高端市场的大背景下，中国杯帆船赛显然成为一个高端推广营销的理想

图1-3　2008年中国杯帆船赛现场

平台。除帆船本身外，中国杯帆船赛赛期还设置了蓝色盛典晚宴、亚洲航海文化发展论坛等，为赞助商提供了融合多层次高端活动的综合性商业平台。帆船体验、大帆船培训、企业可个性化定制的海岸系列赛等多种活动，也大大提升了中国杯帆船赛的商业价值。

钟勇说："中国杯帆船赛以帆船赛为依托，在不断扩大中国杯赛事影响力的同时，又不仅仅局限于帆船赛本身，而是以帆船赛为舞台，纳入了其他的元素，使得中国杯帆船赛成为一场集竞技、商业、文化、艺术、公益为一体的海洋嘉年华盛会。我们采取更为清晰的赞助模式，能更好地集中资源为客户服务。"

调整之后的赞助模式，令中国杯帆船赛对赞助商的吸引力逐渐增强。商业赞助目前仍是中国杯帆船赛盈利的主要渠道，前4年，中国杯帆船赛累计吸引了国内外涉及23个行业、超过50家赞助商加入。除博纳多、辛普森等船艇行业关联企业外，还吸引了一汽大众 – 奥迪、华帝股份以及中国联通成为中国杯帆船赛官方合作伙伴。此外，贺兰山葡萄酒、洲克、苏尔啤酒等商家也于 2011 年成为赛事官方供应商。2023 年 3 月举行的第 14 届中国杯帆船赛更是吸引了世界 500 强企业、国际一流的银行集团 —— 中国建设银行作为赛事的首席合作伙伴赞助商，以及法国博纳多集团、小米集团、蓝雀鸟、君道贵酿、嘉仕堡集团等国际大品牌作为赛事官方赞助商。

截至 2024 年 11 月，中国杯帆船赛已成功举办 16 届。共有 52 个国家和地区，1200 支国际参赛队，近 13000 名选手参加比赛。在比赛设置上，不局限于竞技比赛，更延伸到包括文化、艺术、音乐、论坛等内容的中国杯嘉年华、帆船游艇驾照培训、青少年培训、帆船休闲体验等多元化运作模式。

中国杯帆船赛也是一个多元国际交流的平台，多个国家和地区的选手以参加比赛为契机，互相交流沟通；许多奥运会金牌得主亦深度参与中国杯帆船赛，并珍视这一赛事获奖荣誉。成功连续举办中国杯帆船赛，成就了纵横四海公司在航海运动和航海文化中的地位，也成为企业业务发展的支点和基石。

中国杯帆船赛走出深圳，吸引百万观众

在钟勇看来，纵横四海公司并不仅仅是中国杯帆船赛的承办单位，而且是作为中国水上运动的推动者，参与全国各地多个水上运动项目的策划和举办工作。

纵横四海公司通过与宝安区、大鹏新区等深度合作，推动航海赛事、活动开展，协力打造帆船、海洋相关地区名片。纵横四海公司在大

鹏新区打造和引领推动的中国杯帆船赛、帆船港等得到国际奥委会副主席黄思绵先生的高度认可。黄思绵表示，国际奥委会全力支持中国杯帆船赛组委会举办海上丝绸之路帆船拉力赛，以弘扬奥林匹克精神和价值观，促进地区和平友谊。

同时，纵横四海公司也在湖南、澳门等地举办帆船比赛，拓展帆船事业发展。2015 至 2018 年，在长沙橘子洲头举办的湘江杯帆船比赛，吸引了 10 个国家和地区、100 艘帆船参加，现场超过 120 万名观众观看，并由湖南卫视、湖南经视等 10 多个电视台同步直播，很大程度地增加了当地民众对帆船运动的关注和了解。

中国杯青少年帆船赛创办于 2014 年，经过 9 年发展已经成为全国各地帆船小选手渴望参加的顶级品牌赛事。第 14 届中国杯青少年帆船

图1-4　第14届中国杯帆船赛在深圳大亚湾海域拉开帷幕

赛于 2023 年 3 月 23 日至 25 日在深圳大鹏大亚湾举行，有 89 名来自全国各地的小选手参加，成为 2023 年国内规模较大的青少年帆船赛事。

钟勇介绍道："水上运动不仅包括竞技体育，还包括丰富多彩的休闲活动。水上运动是人们生活富裕后非常热衷的一项休闲娱乐活动。因此，纵横四海公司通过举办赛事，增加帆船运动和水上活动对更多民众的吸引力，普及推广帆船文化、海洋文化，本身是创造和培养需求的过程。以此为基础的高水平的航海服务，不仅契合深圳'全球海洋中心城市'的定位，也顺应了国家近年来消费升级、扩容提质的大趋势，而顶级赛事的举办，则是高质量航海、帆船类项目服务的最好背书。"

高水平培训业务持续增长

组织帆船体育赛事活动，是钟勇所说的用社会力量创新性地打造公共产品，而对于企业运营来说，钟勇把赛事服务和培训服务相结合，为企业找到长期发展的经营之道。

纵横四海公司提供的帆船培训服务不仅覆盖对帆船运动有兴趣的个人，还包括以帆船、航海为载体的团队建设、高端旅游等定制服务。在个人培训方面，纵横四海公司是国内同时具有颁发交通运输部海事局 A2F、中国帆船帆板运动协会帆船驾驶适任证 A 级、B 级、C 级，世界帆船联合会 C1、C2、C3 级资质的机构。世界帆联高度肯定纵横四海航海俱乐部运营的培训体系，认为其已满足世界帆联关于帆船培训的标准，达到了世界先进水平。

纵横四海公司采用经国家体育总局和交通运输部海事局认可的全国统一教材和先进设备，聘请经验丰富的教练，严格按照教学大纲，以理论与实操相结合的方式，持续为学员提供从基础到远航的各类培训，已

图1-5　第14届中国杯帆船赛
在深圳大亚湾海域比赛场景

累计培养数千名专业合格人才，促进了帆船运动在我国的蓬勃发展。纵横四海公司编写的《游艇与帆船操作培训教材》于 2014 年发布，为游艇帆船爱好者提供了安全操作理论基础书。

在团队服务方面，纵横四海公司已开发了一系列围绕帆船运动的团建、旅游项目。海上骑旅的风景、清新的空气，让参与者全身心放松、沉浸，而帆船运动特有的团队合作、探索未知、挑战自我的正能量文化，与团队建设、企业文化等要素完美契合。

钟勇自豪地说："提供帆船相关培训对于纵横四海公司不仅有拓宽市场的作用，更保证了企业的可持续成长。"中国杯帆船赛有 3 年没能举办，而纵横四海公司没有裁掉一个员工，就是依赖培训、团建等相关业务支撑。可见，多元化发展增强了企业在复杂环境中的生存发展韧性。

水上运动产业发展潜力巨大

总体上看，我国水上运动发展规模和水平还不能满足人民群众日益增长的消费需求。目前产业存在的问题包括：水域开放程度不够高，水上运动基础设施较薄弱，产品有效供给不足，服务创新力度不够，产业集中度偏低，适应水上运动发展规律的法律政策体系有待完善，国际竞争力有待进一步提升。迫切需要加强顶层设计和统筹规划。

在我国供给侧结构性改革不断深入，国家"一带一路"倡议、"建设海洋强国""构建海洋命运共同体""关心海洋、认识海洋、经略海洋""增强文化自信，推动中国文化走出去"等发展战略不断推进和全民健身、健康中国等国家体育发展战略逐步实施的契机下，我国的水上运动迎来前所未有的发展态势。随着居民收入和生活水平的提高，越来越多的人开始寻求差异化、高质量的文娱体育消费体验，水上运动项目开始在大众生活中普及，水上运动产业迎来黄金发展机遇。

2016 年 10 月，体育总局、国家发展和改革委员会、工业和信息化部、财政部、国土资源部、住房和城乡建设部、交通运输部、水利部、国家旅游局等 9 部委一起印发《水上运动产业发展规划》，明确指出发展水上运动产业，不仅可以充分利用我国丰富的江河湖海等自然水域资源，还能带动健身、休闲、娱乐以及器材设施设备等相关产业和产业链的发展，对落实《全民健身计划（2016—2020 年）》、建设健康中国、增强经济增长新动能具有重要意义。2022 年 8 月工信部、国家发改委、财政部、交通运输部、文旅部发布了《关于加快邮轮游艇装备及产业发展的实施意见》，其中提出：大力发展大众化消费游艇。鼓励重点地区加强游艇公共配套基础设施建设，因地制宜规划建设一批游艇公共码头、下水坡道、系泊锚地、陆上干舱以及环保配套设施设备等。支持深圳中国杯帆船赛、厦门俱乐部杯帆船赛、海南环岛帆船赛等赛事发展。

"中国杯帆船赛被国家规划和相关文件列为头号精品赛事和重点赛事，对我们从事多年的办赛工作是巨大认可。"钟勇认为，这些规划和文件的发布对纵横四海公司的发展是重大利好，因为未来我国水上运动事业将有更为迅猛的发展态势。

10 多年来，钟勇对未来水上运动产业有深刻的思考："在我国，帆船运动有望形成千亿级的产业规模，包括水上运动用品制造、水上运动休闲、体验旅游、康养等多个细分领域。因为在发达国家，水上运动在某种程度上体现出一座城市的经济繁荣程度和居民生活富裕程度。深圳经过 40 多年改革开放发展经济繁荣，市民对高品质的文化体育生活有更高的追求，深圳拥有国内一线城市中发展水上运动最好的自然气候条件，深圳帆船游艇消费领先国内其他城市，是中国私人帆船、游艇拥有量最多的城市，民间游艇、帆船运动正在蓬勃兴起。未来，纵横四海公司还要在水上运动产业投入更多，推出更多的创新服务。"

粤港澳大湾区水上运动合作大有可为

钟勇非常看好粤港澳大湾区，尤其是深港水上运动的合作："香港水上运动起步较早，社会普及率及运动水平均较高，已形成较为完备的产业链。深圳自然条件与香港类似，一年四季可扬帆，是中国一线城市中最适宜发展水上运动产业的城市。充分利用深港水域相连的资源，与香港开展水上运动合作，是推动深圳水上运动发展，打造深圳国际化海洋城市名片的举措之一。"

他计划从三个方面开展深港水上运动事业的合作：一是将继续争取香港游艇会等港方支持，持续办好中国杯帆船赛，并利用香港游艇会的国际会员资源开展宣传推广，不断提升深圳作为海洋城市的影响力；二是利用世界帆联三大特别赛事之一的世界帆船对抗巡回赛总决赛落户宝安的契机，同步创办"世界湾区帆船赛"，推动深港帆船运动的联合发展；三是推进深港两地水上运动合作常态化，借全运会帆船赛在香港和汕尾举办的机会，创办"粤港澳大湾区帆船联赛"，包括开展青少年帆船等水上运动培训，举办深港赛艇、龙舟等交流活动。

早在2020年，纵横四海公司就已发起成立了世界湾区帆船运动联盟，有10多个国家和地区的帆船运动组织已成为联盟会员。2023年12月，世界帆船对抗巡回赛总决赛在深圳宝安大铲湾海域举办。这是深圳首次举办国际顶级帆船职业赛事，对深圳的水上运动产业产生了深远的影响。

钟勇表示，纵横四海公司正努力整合粤港澳大湾区"9+2"城市的力量，力争将粤港澳大湾区打造成中国、亚洲乃至世界帆船运动的中心。深圳正在向"全球海洋中心城市"的目标进发，纵横四海公司势必成为这一征程中的生力军，一方面广泛推广海洋生活方式，建立中国与世界航海的交流平台；另一方面不断推出跨界合作的优质商品和服务，营造多元健康的航海产业生态圈。

【高质量发展指南针】
打造体育 IP 的三个黄金法则

中国杯帆船赛已成功在深圳举办 14 届，并且已经发展成知名度、影响力亚洲第一，世界第三的大帆船赛事，曾被世界帆联授予"推动航海运动特别奖"，也是我国水上运动第一精品赛事、广东省十大国际品牌赛事。

中国杯帆船赛之所以能成为亚太地区规模最大的大帆船赛事，具有重要的国际影响力，是因为它的创办遵循了三个黄金法则：

一是市场化运作，为中国杯帆船赛的成功举办和品牌塑造提供了很好的机制保障。作为由纯粹的民间资本直接发起的高水平国际赛事，中国杯帆船赛从创办之初就将市场运作定为其运营的基础。从 2009 年开始，中国杯开始和北京的一家著名体育营销公司合作，将中国杯的赞助级别调整为三大赞助级别，分别是：首席冠名商、官方合作伙伴、官方供应商。采取市场化运作、社会广泛参与，商业赞助目前仍是中国杯帆船赛盈利的主要来源。

二是与国际同行建立了良好的沟通机制，按照国际规则高质量办赛。自 2009 年起，中国杯帆船赛已被纳入世界帆联的重要赛事赛历，以中国杯帆船赛为代表的亚太地区成为世界帆船运动的重要一员。国际奥委会

图1-6　2020年9月，深圳市纵横四海航海赛事管理有限公司被授予"海洋保护先锋企业"称号

副主席黄思绵先生表示，中国杯帆船赛作为亚太、中国和深圳的重要赛事之一，已成为世界各国人民进行海洋体育文化友好交流的重要平台。

三是通过帆船赛把水上运动推向产业发展的新高度，以此来争取国家和地方政府部门的大力支持，为赛事活动赢得更好的政策环境。不论是办赛中的"临时口岸"设置，还是《水上运动产业发展规划》将中国杯帆船赛列为重点赛事，纵横四海公司通过深入协调和沟通，成功获得多个政府部门支持，为大赛能高规格地举办提供了有利条件。

体育有改变世界的力量，体育文化不仅是一座城市的灵魂，而且是城市经济发展中的一种重要载体和强大推动力。中国杯帆船赛连续在深圳成功举办，不仅提高了深圳这座城市的旅游产业、海洋产业以及其他相关产业的海洋经济发展，更推动了中国帆船航海事业的不断壮大。未来，作为中国最有价值的体育赛事IP之一，中国杯帆船赛将不断提升赛事竞技水平和国际影响力，为深圳发展海洋经济、打造国际著名体育城市、建设全球海洋中心城市发挥更重要的作用。

在高质量发展进程中，越来越多的城市开始通过举办大型体育赛事来宣传城市品牌。不少体育赛事是由政府部门全程包办，赛事的效果却不尽如人意。纵横四海公司创办中国杯帆船赛的经验或许可以为如何打造体育IP、发展新质生产力提供一些有益的借鉴。

【案例赏析 二】

宏业基：基础决定高度 创新引领未来

企业档案： 深圳宏业基岩土科技股份有限公司于 2002 年成立，注册资金 1.6536 亿元，拥有国家地基基础工程专业承包壹级资质，主要从事地基与基础工程及市政与环保工程施工，以及新技术、新工艺与新材料的研发应用等多元业务。公司连续六年入选"深圳 500 强企业"，连续四次入选了"中国基础施工企业 10 强（非国有）"，被评为"深圳质量百强""深圳市建筑行业综合竞争力评价百强企业""广东创新企业100 强"等荣誉称号。

2023 年 1 月，第四届深圳质量百强企业正式揭晓，深圳宏业基岩土科技股份有限公司（以下简称"宏业基"）凭借在岩土基建领域优异的经营业绩、完善的质量管控和良好的信誉口碑荣登榜单，这是公司继获得"深圳品牌百强企业"后，再摘"深圳质量百强企业"，实现质量品牌"双百强企业"荣誉称号。2023 年 8 月 24 日，深交所宣布宏业基通过了发审委审核，与此同时，

图1-7 宏业基"掌舵人"陈枝东

宏业基荣获 2022 年度深圳市建筑施工企业最高级"AAA"信用等级称号（地基与基础、土石方工程组）。

宏业基"掌舵人"陈枝东面对接踵而来的喜讯显得很淡定："宏业基虽然身处一个传统行业，但是从来没有放弃自我蜕变的历程，公司秉承'基础决定高度，创新引领未来'的企业精神，多年来致力于地基基础工程施工及管理新技术、新工艺与新材料的研发与创新，成为岩土工程行业中先进技术与工艺的标杆企业。上市对于企业来说是一个新的起点，我们有理由相信，在岩土科技领域百舸争流、千帆竞发的征程中，宏业基这艘航船必定成为一马当先的领军者。"

寒门学子成为哈工大高才生

陈枝东出生在一个贫寒的家庭，兄妹 4 人，排行老三的陈枝东学习非常勤奋，从小学到高中成绩名列前茅。由于父亲是一名水利工程兵，陈枝东自幼对土木工程专业情有独钟。1987 年他从葛洲坝六中考入哈尔滨工业大学工业与民用建筑专业。

初到哈尔滨，他来不及欣赏松花江的美景，就开始投入紧张的学习生活，大一即获得一等奖学金，被评为"校三好学生"。"我要么在教室学习，要么兼职做家教，大学四年一半的费用来源于学校提供的奖助学金、无息贷款和勤工俭学。在我求学最艰难的时候，母校给予我巨大的信心和帮助，时至今日回想起来仍感恩不尽。"陈枝东回忆道，"我还清楚记得班主任张洪涛老师邀请我们几位同学去他家包饺子，同学们分工合作，有说有笑，这幅温馨的画面让我感受到家的温暖，春风化雨的师生情令我终生难忘。"

哈工大的校训是"规格严格，功夫到家"，校风淳朴，治学严谨，陈枝东如饥似渴地吮吸着知识的甘露，这为他日后创业打下了坚实的专业基础。尤其是哈工大教授们"干一行、爱一行、钻一行、精一行"的执着追求，深深影响着陈枝东，他在创办企业的过程中把精益求精的工匠精神发挥到极致。当他创业小有成就后，他即给哈工大土木工程学院及深圳研究生院捐款200万元，设立了"宏业基"奖助学金，以报母校培育之恩。

大学毕业后，陈枝东被分配到哈尔滨铁路局哈尔滨勘测设计院担任工程师。在设计院工作期间，他兢兢业业，熟练掌握使用电脑工具制图，负责多个高层建筑的结构总体设计工作，院领导对他的工作能力非

图1-8　2020年7月23日，深圳宏业基岩土科技股份有限公司向哈工大教育发展基金捐赠1000万元签约仪式在宏业基公司会议室举行。宏业基公司董事长陈枝东（前排左三）等核心团队成员，时任哈尔滨工业大学党委书记熊四皓（前排左四），时任党委副书记、校长、中国工程院院士周玉（前排右四），时任党委常委、常务副校长、中国科学院院士韩杰才（前排右三）等一行七人出席了签约仪式

常认可。1996 年，哈尔滨勘测设计院派陈枝东参与中非合作项目——尼日利亚铁路大修旧改项目的设计工作，这是他第一次公派出国，感受到中国建筑企业在海外市场与外资企业的激烈竞争，也看到了中国建筑企业在非洲大地上的蓬勃发展。

勇闯深圳涉足管桩市场

1997 年初，新加坡一家设计顾问公司拟高薪聘请陈枝东，他从哈尔滨铁路设计院办理停薪留职手续后，办理好护照，顺路到深圳看望在这里工作的大学同学。

"记得刚一下车，我就立刻被深圳车水马龙、机器轰鸣的热闹景象吸引。当时我的大学同学已经成功创办了一家企业，事业蒸蒸日上，我当晚就失眠了。"他介绍说，"出国前夕正巧发生了东南亚金融危机，经过再三考虑，我断然放弃前往新加坡工作的机会，决定留在深圳，并暗自下定决心：在这片热土上，我要实现自己的创业梦想。"

留在深圳之初，并没有找到合适的设计院工作，陈枝东跟着亲戚一起做了两个月的平安保险。他说："大学一毕业我就在设计院工作，脸皮薄，对跟人打交道很发怵，而我要在深圳做事，必须先把心理素质锻炼好。我每天去扫楼推销保险，绝大多数时候都是吃闭门羹，每天心灵都受到很多创伤，我必须把这一关闯过去。直到 1997 年底我在平安保险公司的年终大会上，看见马明哲的讲话引起现场上万名员工的山呼海啸般的掌声，这一场景让我感受到了满血复活的冲劲。"

1998 年初，陈枝东参加了一场大学同学聚会。一位在广州番禺预应力管桩厂做厂长的同学邀请陈枝东去厂里负责研发管理。做了半年研发管理后，陈枝东被派往深圳和东莞做市场营销负责人。

"在这个企业工作了两年，我对珠江三角洲'桩基础'市场有了很深的了解。当时'三来一补'企业非常多，大量工厂需要建设两三层楼的工业厂房，从日本引进的管桩技术很受这些工厂老板欢迎。因为管桩的优势是建设速度快、质量好，市场的火热需求催生了一大批管桩厂。"陈枝东一边做着推销管桩的生意，一边寻找有可能的创业机会。

发现商机，赚到第一桶金

有敏锐洞察力的陈枝东找到了一个发力点，那就是基础施工用的静压桩机。因为在管桩技术引入国内之初，工人是用柴油锤击管桩设备把管桩打到地基去的，陈枝东在尘土飞扬的工地上总会看见路人对柴油锤击设备产生巨大的噪声和油污引起的空气污染反感的样子，甚至施工噪声还会引起附近居民投诉，而当时刚刚兴起的新技术静压工艺恰好弥补了这两大缺点，他认为静压桩技术更环保、效率更高，未来一定会有巨大的市场。

千禧年来临之际，陈枝东离开了预应力管桩厂，跟两个朋友一起合伙做起了静压桩机的工程业务。"我们三个人凑了100万元，购入一台680吨的静压桩设备，1999年承接的第一项业务就是鸿瑞花园打桩业务，第一个项目很成功，把投资设备的钱很快赚了回来。"陈枝东说，"这个业务做了一年多赚了些钱，我们三个人就分开了，分家的时候我拿到了人生第一张100万元的支票，当时还是想干事业，跟妻子商量不买房，不买车，还是要买设备，2001年着手筹备成立宏业基公司。"

2005年2月，宏业基拿到了地基基础工程专业承包三级资质，正式进入地基基础承包商行列。第一年宏业基购入两台静压设备，招聘7

个员工，业务做到 500 万元，买了一辆奇瑞代步，每天在各个工地上奔忙。两年后，宏业基从静压桩业务拓展到灌注桩，再到人工挖孔桩、锤击桩、搅拌桩等新业务，员工也扩展到 40 多人，并在南山区买了 200 多平方米的办公场地。

2005 年春节前，宏业基接到一个工期很紧的富士康项目，当时临近放假，工人都准备放假回家了，而管桩厂也要放假，到哪里买材料呢？富士康项目经理性格爽直、雷厉风行，他明确表示大年初十要验收，承诺打桩项目若能按时完成就有重赏，完不成就要重罚。陈枝东在这紧要关头，发挥出巴蜀汉子敢于打硬仗的本色，决定无论如何要把这个项目做好，因此跟工人谈不回家给补贴，把不回家的工人分成了几个班组，两班倒轮流打桩，还要到管桩厂去抢货囤货，盯着管桩厂提前开工，终于在大年初十，宏业基把活儿漂亮地干完了。陈枝东的履约精神让富士康项目经理很感动，直接把旁边两个更大的桩基工程也交给了宏业基。富士康项目的出色履约使得宏业基品牌在业内一炮而红。

崇尚创新，企业发展蒸蒸日上

2008 年，随着广东地区旋挖桩机的出现，陈枝东意识到传统的正（反）循环钻孔桩、冲孔桩等工艺因其泥浆污染、效率低下的缺陷将会被逐渐淘汰。

宏业基再次斥巨资购入多台大型旋挖桩机，在深圳市场率先开展大规模旋挖成孔灌注桩施工业务。旋挖工艺相比传统的钻（冲）孔桩工艺，单位产值能耗降低 50%，施工效率提升一倍以上。事实证明，宏业基的选择是正确的。随着传统的钻（冲）孔桩工艺逐渐被淘汰，旋挖成孔工艺在行业大面积普及。旋挖工艺施工板块一度成为公司营业额占比最大的部分。这是宏业基从率先采用静压桩代替锤击桩之后，第二次准确把握行业风口，体现出陈枝东的专业水平和超前的眼光，而他对新技术、新工艺和新工法的不懈追求，也赋予了宏业基"创新"和"环保"的全新理念，夯实了企业在行业里的地位。

随着建筑市场的蓬勃发展，桩基础施工业务面对的环境和地质条件越来越多且复杂。传统的旋挖成孔施工工艺并不能解决如岩溶、深厚淤泥、填石、地下障碍物处理等复杂环境下的桩基础施工难题。宏业基率先在广东省内使用全套管全回转工艺解决复杂环境条件下的桩基础施工。同时，加大研发力度，在江西宜春成功完成串珠型大溶洞岩溶地区的基础桩施工，并申请了专利，研发的《全套管全回转与旋挖钻在岩溶地区大直径超长桩联合施工工法》填补了行业技术空白。在深圳万科滨海置地大厦项目中成功解决了大型钢管柱高精度后插混凝土管桩的难题，研发的《全套管全回转平台高精度后插巨型钢管柱施工工法》通过深圳市市级工法。

在多年的基坑、软基处理、桩基础、土石方施工等主营业务中，宏业基注重行业标准编制，参与制定编写多项行业及地方标准，比如，广东省标准《锤击式预应力混凝土管桩工程技术规程》、深圳市标准《深圳市桩基施工技术规范》及其他行业标准如《全套管全回转大直径灌注桩施工技术标准》等等。

机会总是青睐有准备的人。2009年，宏业基拿到了地基基础工程专业承包一级资质，2010年入选了深圳市地基基础预选承包商库。2012年，宏业基参与了宝安国际机场的招标工作。陈枝东说："那天，宝安国际机场项目开了三个标，我们幸运地中了第二标，标的金额高达3亿多元，我亲自挂帅担任项目经理，这个项目的成功实施让宏业基的业务能力跨越了一大步。从这以后，宏业基站稳了脚跟，成为华南地区地基基础领域的一线品牌。"

超前布局新材料和新工艺

2010 年，陈枝东回哈工大母校参加 90 周年校庆，认识了哈工大岩土学科带头人、泰山学者凌贤长教授。2011 年，凌教授给陈枝东打电话，说有一个新材料项目希望他一起参与。陈枝东在多年的地基基础施工过程中认识到水泥材料加固淤泥、填土等软弱地基存在先天性的缺陷，因此在了解情况后立即给凌教授提供了研发经费支持。

原来，广西壮族自治区金龙水库曾发生渗透事故，主要是由于水库处于岩溶地区，在水库水压过大的时候，水库储水会通过地下缝隙向溶

图1-10　2020年6月19日，宏业基十八周年庆暨专家委员会成立大会在公司隆重召开。宏业基董事长陈枝东（前排右三）、总工程师张领帅（后排右三）等高管干部出席了会议。参加本次会议的专家包括中国工程院院士欧进萍教授（前排左三）在内的各领域权威专家

洞漏水，因此需要采用新材料配方防止水库渗漏。凌教授得知这一消息后，立即组织研发团队开展了各种试验，研发出一款岩土固化剂取代水泥技术，将水库裂缝很好地填补住了。

从这个项目开始，陈枝东在宏业基公司立项，组织研发人员从事岩土固化剂的研究和产业化工作。宏业基与哈尔滨工业大学、安徽工业大学等联合研发的"岩土固化剂"具有"点泥成石"的特殊功效。这一新材料作为水泥材料的有益补充，专门弥补水泥材料的不足，与土体进行化学反应形成高强度的固化土，很好地解决了传统水泥材料加固土壤效果不佳的难题。相比传统的水泥材料，该技术在提升和加固淤泥土方面，无论是力学强度还是抗渗性、耐久性都会大大提高。水泥是一种高碳排放量的产品，生产一吨水泥会产生约640公斤的二氧化碳，而岩土固化剂大量利用各类工业废渣，主要生产能耗为粉磨，没有高能耗、高排放的煅烧过程。粗略估计，岩土固化剂的碳排放量仅为水泥的30%—50%，属于真正的低碳胶凝材料。

经过多年技术沉淀与积累，目前宏业基的固化剂已经发展为四大体系，分别应用于不同的场景。岩土固化剂尤其适用于高含水量、细颗粒的淤泥土固化，地基与基础工程地下防渗帷幕，城市余泥渣土固化处理后循环利用，城市地下空间流态固化土回填等场景。

气能破岩技术是宏业基旗下的另一个重磅新技术。由于炸药存在爆破危害，复杂环境下使用受限。传统炸药产生爆炸冲击波、飞石、振动波等危害邻近环境，同时近年来民爆成本不断增加，审批手续复杂，治安管理严格，为了解决复杂环境下的破岩问题，宏业基公司对空气能气体膨胀裂岩技术进行了专门研究，并成立了宏业基气能应用技术研究院，研发的第四代气能破岩技术与设备，无管制危险物品且柔性致裂管采用孔内充装方式，也因此成为行业内领先的安全高效破岩设备与方案服务商。

持续推进技术创新，实现渣土零排放

现代城市的基础建设需要越来越先进的绿色技术做支撑。深圳每年需要弃置的余泥渣土超过 1 亿立方米，大量的渣土弃运不仅增加了施工成本，而且造成极大的环境污染。针对如何减少城市渣土排放，有效利用渣土资源，宏业基经过多年实践形成一系列创新技术，在多个项目得到成功运用。

比如，"小型车载移动式渣土筛分洗砂压滤减量化处置技术"，可以将现有的渣土筛分、洗砂压滤设备全部小型化，并全部安装在轮胎式载车之上，实现了整个渣土筛分洗砂压滤生产线的小型化、移动化。该技术可以从工地渣土中回收 40%—50% 的砂料，并将剩余渣土压缩为体积仅为 30% 的泥块。该泥块拌和宏业基专用固化剂可用于制作流态固化土用于城市地下空间回填，真正实现了渣土零排放，真正解决了广东省城市余泥渣土外运成本过高的难题。

又如，"灌注桩空桩段泥浆渣土原位固化处理技术"，可将现有的工地堆场或桩孔内的渣土、泥浆采用公司的专用泥浆固化剂拌和，可短时间内产生较高强度，实现渣土原位固化处理。避免了传统工艺需要进场回填大量建筑垃圾，同时有效减少泥浆渣土外运，减少废弃物排放。

再如，"流态固化土回填地下空间固化新材料及施工技术"，根据宏业基多年在岩土固化剂技术方面的技术研发积累成果，专门研发可以将城市余泥渣土或建筑固体废弃物与固化剂拌和为流态固化土，用于地下空间、空洞、回槽、管廊、管道等空间回填。流态固化土原料采用城

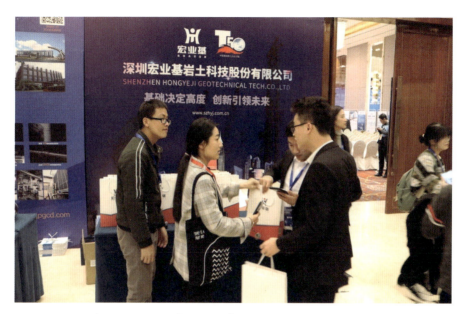

图1-11　2019年12月5日，为期两天的粤港澳大湾区地下空间大会暨2019第五届（深圳）城市地下空间、综合管廊技术创新论坛在深圳隆重举行。宏业基作为本次活动主办方、理事单位、主要的协办方单位出席活动并作专题学术报告

市渣土或建筑固体废弃物尾泥，不仅减少了城市渣土排放，而且降低了地下空间的回填材料成本。

在企业发展过程中，深圳市科技主管部门提供了大量的扶持和帮助。比如，2015年宏业基申请的技术攻关项目"钻孔灌注桩承载安全性智能监测管控系统研发"获得深圳市科创委的资助。

多年来不断地创新，企业插上了腾飞的翅膀。宏业基在"新材料、新技术、新工艺、新设备"上的不断积累和沉淀，为企业带来更多优质客户。近年来，宏业基践行"做一个工程，树一个样板"的理念，承建了一大批"深、大、特、新"地基基础项目，其中包括平安国际金融中心、深圳机场空港枢纽地区、腾创未来大厦、腾讯大铲湾企鹅岛、京东深圳超级总部大厦等在内的大湾区标志性工程。2019 年至 2022 年的 4 年间，宏业基年均收入超过 11 亿元人民币，总收入超过 45 亿元人民币。

抚今追昔，鉴往知来。陈枝东说："这么多年来，我们不断提升自身的科技水平及工艺水准，拥有多项国家级专利及省级工法；我们持续投入，与高校合作进行岩土新材料新工艺的开发与应用，以解决建设过程中的诸多岩土问题；在公私合营 PPP 项目^①，建设合作方面，已在海南等地取得了良好的开局。我们响应国家号召，在'一带一路'倡议框架下成功迈开进军海外市场的步伐，中标斯里兰卡汉班托塔港软基处理工程项目，与韩国三星建设集团建立战略合作伙伴关系，在新加坡建立分公司，面对东南亚市场进行布局和开拓，相信扎根于粤港澳大湾区的宏业基未来发展一定会达到新的高度，力争成为中国岩土科技行业的领跑者。"

【高质量发展指南针】
创新是传统产业升级的"杀手锏"

"创新不仅是宏业基立足之本，更是实现传统产业转型升级的'撒手锏'。我们通过加大研发投入不断创新，提升企业核心技术的自主可控性，让传统产业跑出'换道'的加速度。"宏业基董事长陈枝东一语中的。

陈枝东深知，要下好创新"先手棋"，必须吸引一流人才，为人才施展才华创造良好的环境。宏业基研发团队组建人张领帅多次到国内著

① PPP（Public-Private Partnership），又称PPP模式，即政府和社会资本合作，是公共基础设施中的一种项目运作模式。在该模式下，鼓励私营企业、民营资本与政府进行合作，参与公共基础设施的建设。

名高校招聘多名高学历人才进行培养，同时在社会招聘具有丰富岩土工程设计、施工经验的人才。目前宏业基技术研发团队 100 余人，占员工总数超 20%，其中硕士 10 余人，本科学历 40 余人。随着团队规模的不断扩大，逐渐组建了工程部技术中心，专门负责工程部门质量、技术管理工作；组建了岩土设计院，并申请了岩土设计资质专门负责公司内部或外部的岩土工程设计工作；还组建了固化剂新材料实验室，在惠州租赁场地建立实验室。此外，由总工办专门负责企业所有的无形知识产权申报工作和协调公司的年度科研工作。

从外部吸纳颠覆性创新成果，为企业发展注入源头活水，这是宏业基在创新路上常用的一大绝招。比如，为了将颠覆性创新成果——气能破岩技术更好地推广应用，宏业基联动新锐科技企业进行了深度融合，成立了广东宏凯气能技术有限公司，专注于气能破岩技术与相关设备的

图1-12　2020年1月11日，以"锐意进取　逐梦远航"为主题的宏业基2019年年终总结表彰暨2020年工作计划大会在深圳蓝桐湾度假酒店隆重召开。公司董事长陈枝东（前排左八）与公司部分员工合影

创新研究和工程服务。公司研发团队经过精心打磨已开发出第四代气能破岩技术与设备，设备中无管制危险物品且致裂管采用孔内充装方式，能广泛应用于开矿、炸礁、挖基坑以及隧道工程等领域。这项颠覆性的创新技术被宏业基收入麾下，成为企业未来的一个重要利润增长点。

宏业基作为"国家高新技术企业""深圳市博士后创新实践基地""广东省工程技术中心"，一直秉承"基础决定高度、创新引领未来"的理念，高度重视技术创新与应用，已形成独特的核心技术和自主知识产权。截至 2024 年 12 月底，已获得专利授权 200 余项，其中发明专利 100 项，参与编写了《全套管全回转大直径灌注桩施工技术标准》《深圳市桩基施工技术规范》等行业规范，获得广东省省级工法、深圳市市级工法 10 余项。这些先进的技术、工艺、材料、设备已成功运用于建设工程领域，有力地推动了我国建筑事业绿色低碳发展。

陈枝东表示："过去几年，我们将更多的利润投入到技术升级，发展新质生产力，因为我们深知新业务、新技术对企业健康持续发展有关键作用，新技术不仅有广大的市场潜力，而且有很大的利润空间，构建技术水平高、综合价值高的产业链是宏业基成为岩土行业标杆企业的重要渠道。"

第二章

知识产权是企业高质量
发展的"护身符"

创新是一个民族进步的灵魂，是国家文明发展的不竭动力。专利是衡量一个国家创新能力的重要指标。中国在世界知识产权组织发布的《全球创新指数报告》中的排名从 2012 年的第 34 位上升到 2022 年的第 11 位，连续十年稳步攀升。在创新产出方面，中国的本国人专利申请量、本国人实用新型专利申请量、劳动力产值增长、本国人商标申请量和创意产品出口等多个细分指标排名第一。这彰显了中国知识产权综合实力和科技创新能力的显著进步，体现出中国实施创新驱动发展战略、加强知识产权保护取得了巨大成就。中国在《知识产权强国建设纲要（2021—2035）》和《"十四五"国家知识产权保护和运用规划》中提出要建设中国特色、世界水平的知识产权强国。

　　作为中国的改革开放窗口，深圳知识产权工作也取得了令人瞩目的成绩。不容忽视的是，深圳的产业发展起步于"三来一补"的加工制造产业，实际上要承受来自国内和国外的双重知识产权压力。由于欧美发达国家率先实施了知识产权战略，设置了严格的知识产权"封锁线"，借此阻挠我国的高新技术产品对外的出口；同时，深圳企业发展过程中不仅出现了涉外知识产权纠纷，还包括与国内企业的知识产权纠纷。

　　那么，在此背景下如何实现深圳企业高质量发展呢？深圳企业实践证明，构建自主知识产权成为企业高质量发展的"护身符"。为了帮助深圳企业更好地创造和运用好知识产权，深圳市在国内率先实施知识产权战略，包含以下三项内容：一是创造和取得一批知识产权成果；二是帮助企业将成果产业化，促进知识产权转化和运用；三是加强知识产权保护。这三层缺一不可，结合起来就构成了知识产权战略。

　　深圳市实施知识产权战略起步于 20 世纪 90 年代中期。早在 1996 年 1 月，深圳市出台全国首部涉及技术保护的地方性法规 ——《深圳经济特区企业技术秘密保护条例》；2005 年，深圳发布国内第一个由地方党委通过的地方性知识产权发展规划 ——《深圳市知识产权战略纲要（2006—2010 年）》；2018 年，深圳制定了全国首部涵盖知识产权全类别、以保护为主题的地方性法规 ——《深圳经济特区知识产权保护条例》，2019 年 3 月 1 日正式实施。深圳市知识产权创造、保护和运用指标在 2020 年中国营商环境评价中获全国城市第一，在 2021 年广东省营商环境评价中获全省第一。

　　中央经济工作会议提出，要以科技创新推动产业创新，特别是以颠覆性技术和前沿技术催生新产业、新模式、新动能，发展新质生产力。打造生物制造、商业航天、低空经济等若干战略性新兴产业，开辟量子、生命科学等未来产业新赛道，广泛应用数智技术、绿色技术，加快传统产业转型升级。这些工作任务和知识产权密切相关。新质生产力是以科技创新为引领、关键核心技术突破为标志，能有效促进产业创新并带动经济社会全面发展的新型生产力系统，它包含了各类新型生产要素如数据和标准，还涵盖了创新链和产业链的主要组成部分。从新质生产力的视角来看，知识产权无论是规则还是资源，都在新质生产力的形成和发展中发挥关键作用。①

深圳全力实施知识产权战略，对知识产权的创造、运用、转化和保护发挥了积极的促进作用，为形成新质生产力、赋能企业高质量发展提供了很好的政策环境，促进深圳快速发展成一座享誉全球的"创新之城"。

一、知识产权创造硕果累累

深圳知识产权创造屡创新高，体现出深圳的创新与发展呈现良好的正向关系，创新投入转化为更多更高质量的创新产出。

第一，深圳国际专利申请量稳居全国大中城市榜首。《深圳市2023年知识产权白皮书》显示，2023年，深圳市国内专利授权235100件，居全国首位；其中发明专利授权62252件，实用新型专利授权108347件，外观设计专利授权64501件。截至2023年底，全市有效发明专利拥有量达300379件，其中高价值发明专利拥有量173723件；PCT国际专利申请量15854件，连续20年居全国大中城市首位；PCT国际专利申请公开量17161件，在国际创新城市对比中排名第二。

---

① 宋伟. 强信心 促发展|知识产权是新质生产力中的关键要素[EB/OL].（2023-12-21）[2024-12-19]. https://economy.gmw.cn/2023/12/21/content_37042785.htm.

深圳知名企业华为持续引领科技创新，华为是目前累计获得中国授权专利最多的企业，其年报显示，截至 2023 年底，华为在全球共持有有效授权专利超过 14 万件，累计公开专利已经超过 33.6 万件，在全球 ICT 领域，尤其是 5G 方面，积累了大量的创新成果。目前，华为已经在全球范围内形成了包括 5G、Wi-Fi 以及音视频等在内的多个高价值专利包。以华为为代表的深圳企业群纷纷表现出巨大的创新活力，在知识产权创造方面硕果累累。

第二，深圳市在商标注册方面位居全国第二。2023 年，深圳市商标申请量 392352 件，商标注册量 249696 件，居全国首位。截至 2023 年底，全市有效商标注册量 2702625 件，同比增长 8.08%。全市马德里商标国际注册申请 803 件，同比增长 3.75%，占全省总量的 43.71%，占全国总量的 12.98%。

图2-1　2023年4月21日，深圳市市场监督管理局（深圳市知识产权局）机关党委书记、二级巡视员夏昆山、我国著名知识产权专家吴汉东教授等参加宝安知识产权高质量发展论坛

第三，深圳多家企业获得国家、省、市专利奖，显示出深圳企业的专利技术质量出色。《深圳市 2023 年知识产权白皮书》显示，在第二十四届中国专利奖评选中深圳获 97 项奖项，占全国总量的 10.36%；第十届广东省专利奖评选中深圳企业获奖 43 项。评选出 2023 年深圳市专利奖 25 项。

高价值专利的产出需要长期性、大体量的资金投入。2022 年，深圳市出台了《高价值专利培育工作计划》，建立了以企业为主体、市场为导向的高质量创造机制。仅在 2022 年，深圳就安排科技重大项目支出 132.5 亿元、技术研究与开发支出 90.2 亿元，实现全社会研发投入增长 7% 以上。[①]深圳企业在知识产权创造方面不断推出新成果，用自主知识产权为企业构筑了一道道"护城河"，保证企业有了高质量发展的实力和底气。

二、知识产权转化与运用迈上新台阶

2022 年 9 月 23 日下午，深圳市 2022 年中小企业转化对接工程项目第一期知识产权对接活动，在南山区前海深港青年梦工场 Bays work 加速器路演厅成功举办。该活动在深圳市市场监督管理局（深圳市知识产权局）的指导下举行。本次对接活动聚焦人工智能领域，邀请到中国科学院深圳先进技术研究院副研究员杨之乐和助理研究员佘荣斌做技术

① 傅江平，许创业. 深圳围绕战略性新兴产业和未来产业落子布局[N/OL]. 中国质量新闻网，2022-11-28[2023-06-11]. https://www.cqn.com.cn/zj/content/2022-11-28/content_8884283.htm.

路演。广州奥凯信息咨询有限公司围绕知识产权运营业务全流程,从专利转化政策背景、广东专利转化开展情况、专利转化应用场景、转移转化开展案例分享以及专利转让、许可备案实操等 5 个方面进行培训。这只是深圳市推动知识产权转化服务工作的一个缩影。

其实,早在深圳高新技术产业发展初期,深圳市为了适应知识经济时代的发展,逐步建立了技术入股制度、科技人员持股经营机制、技术开发奖励制度,催生了一大批以技术作价入股的新型高新技术企业。知识产权化、产权多元化,是深圳在高新技术产业发展过程中的有益探索,促进了深圳高新技术产业的蓬勃发展。

近年来,深圳市知识产权证券化多项指标全国居首,彰显出深圳企业的知识产权转化与运用能力日益增强。这主要得益于深圳市不断推进知识产权运营服务体系建设,夯实了知识产权产业化基础保障。深圳市市场监督管理局大力落实《深圳市知识产权运营服务体系建设实施方案(2018—2020 年)》,出台全市知识产权质押融资、专利保险扶持举措,给予知识产权质押融资贴息贴补,降低知识产权金融创新成本;在深圳战略性新兴产业,培育近 30 个规模较大、布局合理、具有国际竞争力的高价值专利组合,提升企业核心竞争力;2019 年实施 3 项重点专业产业专利导航培育工程,开展 9 项全市重大经济活动知识产权分析评议工作,在行业协会、产业园区布局 5 家以上的商标品牌示范基地,支持建设 4 家知识产权大数据平台,为专利技术的产业化、投融资、许可转让等需求,提供精准数据分析服务;制定《深圳市知识产权运营基金管理办法》《深圳市知识产权运营基金管理人遴选方案》,加快深圳市知识产权运营基金建设;推动搭建中国(南方)知识产权运营中心企业知识产权公共服务平台,推出知识产权质押融资创新产品,辅导对接企业 128 家，培育知识产权强企 12 家，培育高价值专利 146 件。

深圳市推动知识产权专利转化和证券化探索走在全国前列。在知识产权专利转化方面，2022 年建成深圳市国有企业专利开放许可试点平台及专利信息发布分平台。2023 年，深圳获批建设国家知识产权运营（深圳）交易服务平台、国家级新能源汽车产业知识产权运营中心，成立深圳市储能产业知识产权联盟、前海深港知识产权运营联盟。2023 年，深圳专利实施许可合同备案数 807 件，备案金额总计 3.76 亿元。在知识产权证券化方面，设立深圳市知识产权金融服务平台河套专区，成功发行全国首单深港跨境知识产权证券化产品。2023 年新发行知识产权证券化产品 24 单，规模近 54 亿元，累计发行 79 单、规模近 179 亿元，发行数量、发行规模均居全国第一。"发行多笔知识产权证券化"等综合改革试点工作获国家发改委推广。深圳高新投发行全国首单科技创新知识产权证券化项目，发行规模 2.06 亿元。

同时，不断推进知识产权质押融资实践活动。推动构建质押融资惠企政策体系，健全风险补偿和质物处置机制。2022 年，获批开展银行业金融机构知识产权质押登记线上办理试点。深圳成立了全国首家知识产权金融协会，推进深圳市知识产权金融公共服务平台建设，2023 年，全市专利商标质押登记金额 384.3 亿元，连续 4 年位列全省第一。"知识产权与征信担保信息互联互通"综合改革试点创新举措和典型经验获国家发改委向全国推广。

2022 年 11 月 8 日，"深圳创投日"启动大会暨深交所科技成果与知识产权交易中心（以下简称"科交中心"）揭牌仪式隆重举行。时任国家知识产权局副局长卢鹏起在致辞中表示："知识产权制度作为有效的产权安排机制和创新激励机制，是创新资源和技术要素市场化配置的重要基础。科交中心的设立恰逢其时，可以有效发挥连接资本市场、技术成果和知识产权的重要作用。国家知识产权局将与各方一道，支持科交中心发展，培育更多知识产权密集的创新型企业，为知识产权强国和科技强国建设做出新的更大贡献。"揭牌仪式上，科交中心通过线上或线下的方式，与科技部科技评估中心及中国科技评估与成果管理研究会等首批16家机构签署战略合作协议，签约机构包括政府部门、高新园区、高校院所、技术转移机构、股交中心、商业银行、投资机构等。同日，科交中心还与3家高校院所签署科技成果转化合作协议，15家知识产权运营代理、融资评估、法律仲裁等专业服务机构入驻科交中心。科交中心官网也正式上线运行。当日，科交中心共促成8单技术交易，其中4单专利许可交易、1单职务发明转让、3单技术投融资对接，金额合计约7600万元。

图2-2　2022年度深圳知识产权工作成果发布会上，发布了"面向互联网电商的知识产权侵权检测平台研究和建设"成果

　　此外，深圳企业积极参与标准的制定，参与国内标准制定和国际标准化活动能力不断增强。标准总是与一定的知识产权结合在一起，以技术为核心的知识产权是标准出台或制定的前提，标准不过是知识产权部分要素的外在代表和体现。2023年4月，依托国家人工智能标准化总体组和全国信标委人工智能分技术委员会、中国电子技术标准化研究院、深圳市矽赫科技有限公司等单位共同编制完成的《人工智能伦理治理标准化指南》（以下简称《指南》）正式发布。作为国家人工智能标准化总体组成员单位矽赫科技，深度参与了该指南的编制工作。

　　矽赫科技创始人洪鹏达博士介绍，当前，以深度学习为核心的新一代人工智能技术取得了极大的成功。ChatGPT等大模型的出现不断刷新着人们的认知极限，AI性能逐步趋近人类智能，并体现出极强的应用赋能潜力。人工智能技术颠覆性地重塑着人类生活、工作和交流的方式，正在与人类社会融合为一体。但是，人工智能产业保持高速发展态势的同时，人工智能技术自身发展面临诸多困境。人工智能所带来的隐私泄露、偏见歧视、责权归属、技术滥用等伦理问题已引起"政产学研用"各界的广泛关注，人工智能伦理治理成为无法绕开的重要议题。《指南》以人工智能伦理治理标准体系的建立和具体标准的研制为目标，重点围绕人工智能伦理概念和范畴、人工智能伦理风险评估、人工智能伦理治理技术、人工智能伦理治理标准化等方面展开研究，明确人工智能伦理治理概念范畴，细化人工智能伦理准则内涵外延，对人工智能伦理风险进行分类分级分析，提出人工智能伦理治理技术框架，研究人工智能伦理治理标准体系，总结人工智能伦理治理工作建议。《指南》的发布，有助于深入落实国家《关于加强科技伦理治理的意见》《新一代人工智能伦理规范》《中国关于加强人工智能伦理治理的立场文件》等政策文件有关要求，为落实人工智能伦理治理标准化工作奠定了坚实基础。

知识产权作为现代经济中的产权安排机制，需要促进其转化和运用。这样才能更好地彰显知识产权的价值，为企业发展带来更大的利益。企业充分转化和运用知识产权这一无形资产，则为企业高质量发展插上腾飞的翅膀。

三、知识产权保护工作不断改革创新

为了保护好企业持续创新的积极性，深圳率先形成非常严格的知识产权保护体系。知识产权保护成效体现在以下地方：第一，在司法保护方面，2023 年，深圳市各级人民法院新收知识产权案件 20139件，审结知识产权案件 20840 件，侵害集成电路布图设计专有权纠纷案入选最高人民法院第 218 号指导性案例，马某华等假冒注册商标罪案入选全国法院十大知识产权案件。市人民检察院与市公安局共建"知识产权违法犯罪侦查监督与协作配合联络办公室"。公安机关全年组织侦破多起销售假冒手机、

图2-3　2022年8月，执法人员现场检查某制售假冒知名品牌手机窝点

图2-4　2023年5月，执法人员现场检查涉嫌侵犯某游戏著作权案件产品

电子烟及音箱等电子产品案件，获省公安厅贺电表彰。检察机关出台的《万物互联时代电子化商标使用认定规则》入选 2022 年度检察机关知识产权保护典型案例和 2022 年度中国法院十大知识产权案件。

第二，在行政保护方面，深圳市市场监管局（知识产权局）全年查处专利侵权纠纷案件 1079 件，商标侵权案件 459 件，版权违法案件 33 件，商业秘密案件 15 件，地理标志案件 18 件。查办小米派系列商标侵权案处以罚款 3000 余万元。查办盗版电影网络传播案获评国家版权局 2022 年度查处重大侵权盗版案件有功个人。发布全国首例地理标志知识产权行政禁令。深圳海关全年共查获涉嫌侵权货物物品 10128 批次、2652.1 万件，连续 5 年查扣侵权商品数量居全国海关首位。

图2-5　2022年6月，执法人员现场检查某专利侵权纠纷案件产品

图2-6　2022年10月，执法人员现场检查某专利侵权纠纷案件产品

第三，机制建设不断创新。深圳市出台《深圳市关于开展新型知识产权法律保护试点建立法院技术调查官制度改革方案》全国首创"全流程嵌入式"技术调查官工作模式等做法，入选知识产权强国建设第一批典型案例。加大"严保护"力度，2023 年全市人民法院做出知识产权惩罚性赔偿判决 19 件，累计判赔金额 6655 万元。"打造最严格的知识产权司法保护

体系"入选深圳市年度优秀改革案例。构建"大保护"格局，全市累计成立知识产权纠纷行业性专业性人民调解组织 13 个，全年共调解知识产权纠纷案件 1781 件。深圳国际仲裁院受理知识产权类仲裁案件 328 宗，争议金额达 5.18 亿元；市贸促会成功调解知识产权案件 135 宗，涉案标的额约 6.32 亿

图2-7 2023年2月，执法人员查处侵犯注册商标专用权案现场

元。健全"快保护"机制，首批开展全国知识产权纠纷快速处理试点，首次开展专利确权案件与侵权诉讼案件联合审理，将华强北片区电子市场作为知识产权纠纷快速处理试点工作重点片区，推动实用新型专利和外观设计专利案件较法定时限压缩 50%。优化"同保护"体系，整合全市资源构建知识产权"一站式"协同保护平台，设立 10 个区级分窗口，构建市区联动的快速协同保护体系。市场监管"鸿蒙协同云平台"与法院"融平台"系统对接，促进数据互通、信息融通。强化"智保护"支撑，建立知识产权专家库、技术调查官、知识产权志愿者三支专业支撑队伍，构建多元化的知识产权保护智库体系。"建立新兴领域知识产权保护新机制""新领域新业态知识产权保护"等入选深圳综合改革试点典型经验并获国家发改委向全国推广。

第四，通过完善深圳市知识产权的管理制度和服务体系，深圳为企业高质量发展营造良好的环境。管理制度建设方面，印发《广东省知识产权局 深圳市人民政府共建知识产权强市实施方案》《深圳市国家知识产权保护示范区建设方案》等重要文件，前海管理局与香港商务及经

图2-8　2023年4月20日，深圳市举行深圳市知识产权志愿者授旗仪式，建立深圳市首支知识产权志愿者队伍

济发展局联合发布《关于协同打造前海深港知识产权创新高地的十六条措施》，全市各区分别制定知识产权高质量发展政策措施，知识产权管理制度不断完善。在服务体系方面，新建省级高价值专利培育布局中心5家，培育国家知识产权优势企业87家，指导325家企业实施创新管理知识产权国际标准试点。成立黄金内湾涉外商业秘密保护基地，全国商业秘密保护创新试点范围扩大至全市。开展版权示范创建工作，建成前海版权区块链服务网络和公共服务平台，推进版权产业技术与标准创新、版权运营与服务模式创新。福田区获批建设首批国家知识产权服务业高质量集聚发展示范区，龙岗区、光明区分别入选国家知识产权强国建设示范县、试点县。

深圳市不断强化知识产权创造、运用、保护、管理和服务，与深圳经济社会发展的现实紧密联系，涵盖知识产权立法、司法、行政的方方面面，涉及科研人员、单位、企业等各主体，紧密围绕"知识产权强国建设纲要"和"'十四五'国家知识产权保护和运用规划"等重大部署，高标准创建国家知识产权强市建设示范城市、国家知识产权保护示范区，加快打造引领型高质量知识产权强国建设高地和知识产权标杆城市。深圳企业勇于创新，将知识产权作为企业高质量发展的"护身符"取得了显著成效，对促进我国发展新质生产力、经济高质量发展起到重要的示范意义。

【案例赏析 一】

力策科技：用源头创新赋能激光雷达

企业档案：深圳力策科技有限公司由多位光电子、半导体、计算机科学等专业博士创办，面向服务机器人、工业自动化、智能汽车等领域提供商业化的导航型激光雷达产品。团队以开发高性能激光雷达为目标，以实现激光雷达芯片技术为愿景，致力于推动新型激光雷达在不同行业的实用化。公司经营采用 IDM 模式，自建产线与实验室推动激光雷达的规模量产与 OPA 芯片研发，目前在深圳与东莞松山湖均建立了研发基地与生产工厂，2022 年在恰佩克奖年度评选中获得"最佳品质产品奖"。

2023 年 5 月，深圳力策科技有限公司（以下简称"力策科技"）获得了两项关于光学相控阵（OPA）芯片与系统架构的美国专利授权。这两个专利反映了力策科技团队一直在努力研发和创新，也彰显着他们在新架构的 OPA 芯片上的创新能力。

力策科技创始人、总经理张忠祥是一名 80 后的海归博士，自走上创业道路之后曾两次遭遇差点倒闭的风险，最终都是在投资机构注资下才走出困境。即使如此，也没有动摇他用源头创新赋能激光雷达的信念，仍然在创造更多高质量知识产权的道路上阔步前行。

瞄准"无人区"开发专利技术

光束操控（Beam steering）是激光雷达、光通信等领域的核心器件，传统的光束操控设计方案中通常采用机械振镜、微机电系统（MEMS）微镜、双棱镜、光电晶体、液晶等方式对光束进行操控，然而，机械式或者微机械 MEMS 实现的光束操控有速度较慢、控制弹性小、稳定性与可靠性差的缺点，双棱镜在进行光束操控时存在扫描区域不可控且不规则的问题，光电晶体在光束操控过程中存在光束扫描角度小、晶体体积大、价格昂贵、驱动功耗大的问题。虽然基于液晶的空间光调制器较为成熟，但是存在速度慢、驱动方式复杂、液晶材料耐高低温能力弱的问题。

随着激光雷达逐步由航空航天、测绘等专业领域迁移到消费与工业领域，传统光束操控器件以及光束扫描方式已无法满足汽车、机器人、自动化等行业对成本、体积、功耗、可靠性、稳定性、使用寿命等性能指标的要求，亟待一种新型的光束操控器件以及光束扫描方式。

本次力策科技获得美国授权的专利，目的在于提供一种新型的 OPA 架构，采用空间光耦合的方式，解决相关技术中的光束操控存在的光束操控速度较慢、控制弹性小、稳定性与可靠性差的问题。同时，力策科技另外一个专利旨在解决该种 OPA 芯片架构设计下的系统架构问题。

张忠祥介绍，美国一家从事 OPA 技术研发的企业曾拿了约 1 亿美元的投资，最终以破产而告终，因此行业内对 OPA 技术普遍比较悲观，认为 5—10 年都难做出成熟稳定的 OPA 芯片产品。但他认为 OPA 是终极解决方案，因此瞄准"无人区"，他带领团队有信心在 3 年内做出性能稳定可靠的车载 OPA 纯固态激光雷达。

究竟是什么给了他如此坚定的信心呢？

不断汲取多元养分，最终走上创业道路

"我本科毕业于中国科学技术大学，专业偏计算机方向。2007年本科毕业后赴香港中文大学攻读电子工程专业，2011年拿到了博士学位，专业方向偏硬件的光电子方向。我在读大学期间，曾两次公派到台湾'清华大学'交流学习，认识了黄衍介教授，他给予我很多跨界指导。读博士期间，我去哈佛大学进行交流学习半年，接触到中红外量子级联激光器、微纳米器件等最新技术，毕业后曾在香港生产力促进局工作了两年多，完成了我从学术界转向产业界的过渡，拿到了内地的人才计划之后才回深圳创业。"张忠祥非常感谢深圳的人才计划资助给予他创业的底气。

力策科技成立于2013年10月，正式开始运作是2015年初张忠祥从香港回到深圳之后。技术团队由来自光电子、信息与计算机科学等专业的博士组成，面向机器人、工业自动化、智能家居、无人机等高科技行业，以开发消费级高性能激光雷达（LiDAR）为目标，聚焦于推动新型激光雷达在不同行业的实用化。

力策科技创立之初，张忠祥原计划做拉曼传感激光雷达，用于短距离的材料检测。做了几个月市场接触后，却发现此方向的应用较窄。在进行市场拓展时他们遭遇了巨大困难。

张忠祥回忆道："那时机器人创业特别火热，导航型激光雷达的市场需求十分明确，我们当时办公地址在深圳留学生创业大厦，楼上楼下就能找到相关的客户，因此我们于2016年果断地转向了测距型激光雷达研发。"

至于选择什么样的技术方向，这对于喜欢跨界创新的张忠祥来说并不是特别难，他准确地判断出第一代是机械式单线激光雷达，针对测量距离在 30m—50m 范围的应用，包括服务机器人和 AGV（自动导引运输车）；第二代为纯固态电控扫描衍生出来的固态 360 度多线激光雷达与针对汽车市场的前向固态激光雷达。

作为一个初创型的企业，一共六七个人的团队，张忠祥首先要考虑生存问题，因此就确定了在产品研发阶段，以技术服务作为一个创收手段，主要为客户提供一些定制化的一站式技术方案，其间执行的一些项目包括向 Velodyne 的代理商提供技术支持和应用拓展方案、MEMS 器件加工等。

为了不再出现第三次倒闭风险，力策科技调整了策略，一方面，推出了第一代机械式单线激光雷达产品，陆续给锐曼服务机器人、云迹酒店服务机器人、优地服务机器人和 AGV 厂家实现了批量供货，2020 年销售突破 1000 万元，2021 年销售达到 3000 万元；另一方面，通过不断融资，坚持光学相控阵激光雷达产品的研发迭代，小步快跑地持续创新。

"两条腿"走路让企业避免倒闭风险

2017 年 5 月，力策科技资金非常紧张。通过朋友介绍，张忠祥认识了广州原点壹号创业投资企业（有限合伙）合伙人杨艾瑛。杨艾瑛对力策科技的创始人团队与技术路线进行了深入的调研，最后决定做独家天使轮投资，给予力策科技投资数百万元。

力策科技当时处于研发攻坚阶段，所以很快用完了天使投资的资金，产品还没有做出来，到 2018 年初企业经营又陷入了绝境。杨艾瑛说："天使投资人最怕企业获得天使轮就死掉了，特别希望他们可以拿到下一轮投资，那就必须相信创业者，跟他们一起面对各种困境，解决问题，一棒一棒接力下去，帮助他们实现创业的梦想。"杨艾瑛陪着张忠祥博士到处寻找下一轮投资。

2018 年 6 月，力策科技又到了弹尽粮绝的地步，张忠祥已经连续 4 个月没有领工资了，这个节骨眼上，他认识了深圳市高捷智慧股权投资基金合伙企业（有限合伙）的创始合伙人，最终于 11 月获得了千万级新的投资，帮助企业第二次起死回生。

做一个让投资机构放心的创业者

2020 年初，昆山峰瑞股权投资中心（有限合伙）合伙人杨永成决定投资力策科技上千万元。当时国内外形势尚不明朗，峰瑞的投资款于大年初五给到力策科技，给企业注入了强大的信心，张忠祥排除万难，带领企业准时开工。2021 年 8 月，小米长江产业基金领投、高捷和峰瑞跟投，一共投资力策科技数千万元，进一步推动力策科技的 OPA 激光雷达产品实现落地量产。

细细盘点投资力策科技的投资机构，不难发现，原点壹号、高捷和峰瑞三家机构都连续投资了力策科技两轮，在投资者的眼里，张忠祥无疑是一个很靠谱的创业者。他所拿到的奖项，绝大多数是行业内的技术型奖项，比如，RFC 联盟（中关村服务机器人联盟）2019 年度评选的"优秀服务机器人企业奖"、高工机器人移动机器人行业年度评选的"年度创新产品奖"、人工智能产业 AI 天马奖年度评选的"创新培育企业"，等等。

张忠祥认为，自己做事是出于自己的本心，而且兼顾投资人的利益，带领企业走得比较稳健扎实，力策科技坚持最低成本试错，融资估值也维持在一个理性合理的区间，这是让投资机构放心的根本原因。比如，作为一个追求技术深度的团队，力策科技对新技术会做超前布局，2017 年初在 MEMS 激光雷达和光学相控阵激光雷达两种技术方案之间曾有所徘徊，甚至也想两个方案都做，先做 MEMS 激光雷达过渡，然后做 OPA 激光雷达。张忠祥对 MEMS 微镜扫描方案做了技术验证后就彻底放弃了，决定将精力聚焦到难度更高的 OPA 方案。

为了更好地实现技术研发与工艺迭代，张忠祥选择了自建工厂。张忠祥说，过去为了避免重资产运作，一直是代工生产，但代工对质量很难把控，而激光雷达对产品质量的稳定性要求很高，因此决定自建洁净车间。"我认为生产是研发的一部分，可以从工艺上不断改进，还能对成本更好地控制，所以我们在深圳有数百平方米的洁净车间，在松山湖建了一个封装厂，营造越来越专业的芯片研发环境。"

力策科技的 OPA 芯片已经历了多轮流片，芯片各项指标都达到了预期和量产技术水平，目前在做相应激光雷达整机的方案设计，2023 年底给龙头企业做新产品导入，2024 年已经实现批量供货。张忠祥的语气自信而坚定："我们的目标是成为全球知名的 OPA 芯片与激光雷达供应商。"

【高质量发展指南针】
瞄准终极解决方案，研发OPA专利技术

激光雷达，面对的是一个全球竞争的市场，知识产权是一个绕不过去的话题。作为力策科技的掌舵人，张忠祥对此十分清醒，因此这几年力策科技在单线机械式激光雷达和OPA激光雷达方向上，从器件到系统结构都做了一些专利布局。

张忠祥介绍："OPA芯片的结构和系统设计，我们从2021年开始陆续提交发明专利、PCT、美国专利，我们的芯片结构具有十分明显的自主创新特征和区分度。OPA技术方案为激光雷达行业描绘了一种特别美好甚至是终极的技术状态。这些性能是很多其他技术方案无法比拟的，特别是在动态扫描方面，能够提供给算法非常大的弹性。然而，OPA方案所面临的技术难题也很巨大，所有的技术创新都具有风险，这也恰恰是初创企业挑战老牌企业的底气所在。力策科技的OPA方案走的是空间光调制（spatial light modulator，SLM）技术路线。空间光调制方式很多，最为成熟的就是液晶SLM，但是液晶SLM非常慢（毫秒级别），远远满足不了成像的要求。力策科技的OPA方案，相当于做了一个高速的SLM，完成一个单波长激光的高速空间调制。"

对于投资机构来说，OPA是一个新的芯片流派，其物理原理还在探索中。早年间，不少投资人和业内专家认为这一技术可能短期内无法被攻克，距离实用还有很长的距离。然而，颇具战略眼光的投资机构诸如广州原点壹号、高捷资本团队从产业角度预判，OPA未来可能是固态激光雷达最理想的方案。高捷资本的掌舵人之一黎蔓曾说："虽然这

是一个鲜少有人探索的前沿技术，但力策科技团队敢于挑战一个世界难题，我们作为投资人也愿意支持这样勇于尝试的挑战者。"

张忠祥虽然在创业道路上行走了 8 年，他身上却仍然保持着一名科研人员的严谨和专注，而且对新技术总是保持着浓厚的兴趣，谈到对他研发有启发的恩师台湾"清华大学"黄衍介教授，语气中透着感激："我走的是一条艰难而正确的道路，在这个追求终极解决方案的道路上，黄教授在芯片结构、物理概念等方面对我们进行了指点，比如，声表面波是一种滤波器上应用的技术，而我对声学技术并不熟悉，在黄教授的启发下，我将声表面波技术应用于 OPA 芯片设计上。类似于这样的技术创新，都是在一次又一次迭代中完成的，流片一次需要我们花上几个月时间，我们对不断提升芯片性能孜孜以求，力策全新的 OPA 芯片架构已首次实现双轴自由扫描，并实现全球首次 OPA 点云公开展示，完美展现激光雷达 ROI[①] 扫描的无限潜力。"

截至 2023 年底，力策科技已经累计申请 30 多项发明专利，2023 年获得 3 项美国专利授权。力策科技产品从商用服务机器人切入并拓展工业市场，实现企业正向造血，最新产品 70 米远距离高性能导航激光雷达已获头部客户认可，将在未来带给企业更多的高价值订单。

---

① 激光雷达ROI指的是激光雷达扫描到的点云数据中的感兴趣区域，也就是要预处理或者分析的区域。目前激光雷达ROI主要有两种类型：自动ROI和手动ROI。

【案例赏析 二】

武测空间：用技术实力打造行业标杆

企业档案： 深圳市武测空间信息有限公司是一家由德国归国留学生创办的新兴测绘企业，公司与北京大学、深圳大学、中国科学院深圳先进技术院、华南农业大学等多家单位紧密合作，致力于将自动化数据采集处理技术应用于传统测绘巡查行业。公司特色业务为无人机航测、手持激光扫描、实景三维数据制作、软件系统开发，并自主研发圳飞无人机低空AI运营管理平台轻量化实景三维数据展示平台 meshseed，可应用于新型智慧城市数字底座、城管查违、森林防火巡检巡查等领域，获甲级测绘资质、全国优秀测绘工程银奖、国家高新技术企业、专精特新企业等称号。

图2-9 武测空间公司创始人张小星

2024 年 9 月，张小星率深圳市武测空间信息有限公司（以下简称"武测空间公司"）团队获得2024年全国优秀测绘工程奖金奖，这是继 2023 年 3 月获得全国优秀测绘工程银奖和 2022 年夺得"鲲鹏应用创新大赛 2022（深圳赛区）"一等奖之后的又一项殊荣，彰显了武测空间公司的过硬技术实力。

武测空间公司创始人张小星说："数字孪生城市大数据应用前景

喜人，武测空间团队用技术实力打造行业标杆，2022 年 8 月，武测空间公司通过广东省自然资源厅审核批准，获得测绘航空摄影专业甲级证书。至此，武测空间成为深圳市为数不多的拥有测绘航空摄影专业甲级资质的企业，提升了企业的品牌竞争力，为企业未来发展拓展了在测绘领域的业务范围，为今后开展更广泛的测绘服务奠定了扎实的基础。"

海归人才聚焦低空三维数据

张小星 2011 年从德国斯图加特大学测绘工程专业硕士毕业，回国加入深圳先进院可视计算研究中心陈宝权研究员的团队。入职先进院是他高校毕业进入社会的第一份工作，也为他日后创业创造了良好的开端。

"我所学专业是测绘地理信息，进入深圳先进院数字所，以为自己就此转行了，没想到曲径通幽，后来往测绘地理信息方向走得更深。当时陈宝权老师的主要研究方向是大规模城市场景的三维建模，是国内最早开展三维数字城市的探索研究团队，计算机可视化进入测绘领域，给这个传统行业带来新的生命力和巨大机会。"张小星回忆道。他当时在先进院负责用车载激光扫描仪进行城市数据采集，尽管路面数据采集很好，但空间的数据有缺失，于是尝试用无人机进行数据采集，发现对空间信息数据的采集效果很好。

机会总是青睐有准备的人。2013 年，深圳市勘察研究院有限公司牵头举办了一次低空摄影测量研讨会，探讨无人机在测量行业的应用前景，先进院数字所派了张小星参会，并在技术演示环节获得专家的高度认可。"后来，市勘察研究院跟先进院有一个横向项目合作——前海低空摄影测量项目，一年四次的低空摄影项目，为前海的开发获得了珍贵的早期数据影像资料。"张小星介绍，在这个横向项目实施过程中，他学习到了项目实施和交付的全流程，也萌生了自主创业的想法。

创业头三年：理想与现实的巨大反差

2015 年，张小星从先进院辞职，在南山区创办深圳市武测空间信息有限公司。从最初几个人的草根企业，发展到现在拥有近 70 名员工的专业团队。8 年时间里，公司陆续获得国家高新技术企业、国家甲级测绘资质、深圳市专精特新企业，取得 16 项专利和 30 余项软件著作权。

鲜为人知的是，张小星创业的头三年，理想与现实的巨大差距曾让他焦头烂额，甚至怀疑自己走上创业之路是不是一个错误的选择。

"我最初是想创办一个小而精的公司，我想为行业注入新鲜活力和技术元素。因为，我在德国留学期间，看到的国外测绘公司就十几个人，测绘员拿着咖啡壶、小板凳和遮阳伞，到野外开展测绘，就像去露营一样潇洒。可我开始创业之后才发现企业发展要有现金流，要能生存下去，而国内测绘项目回款周期很长，头三年维持得非常艰难。"张小星走上创业之路的初期阶段，先要处理"一地鸡毛"，在没有回款的时候，争取能做点小项目先维持生存再说。

张小星没有时间抱怨，而是不停地耕耘和摸索。他总结出初创企业要活下去有 3 点策略：一是不要轻易拒绝客户，尽量满足客户的需求，对大项目和小项目都要认真对待，形成较好的现金流状况；二是管理逐渐上台阶，从过去一人多干事，分工不明确，到后来梳理流程，明确分工界限，培养部门负责人；三是重视并做好知识产权的创造和沉淀工作，积极申报科创委的项目，争取政府的扶持资金，这有利于帮助企业渡过现金流匮乏的难关。

图2-10　鲲鹏凌粤展翅湾区鲲鹏应用创新大赛2022（深圳赛区）OpenEuler一等奖荣誉证书

图2-11　武测空间公司在鲲鹏凌粤展翅湾区鲲鹏应用创新大赛2022（深圳赛区）中，成绩优异，荣获OpenEuler一等奖

张小星感激地说："我曾获得了深圳市海外高层次人才补贴、深圳市留学生创业补贴、深圳创客创业资助等，这些政府的项目资助支撑着我们走过创业初期最难的时候。我在先进院培养了对技术的敏感度，能够很好地把控新技术是否达到成熟的状态，应用于行业领域，新技术转化能力在传统行业独树一帜，武测空间逐渐形成了自己的核心竞争力。"

牵手行业巨头，打造亮点工程

过去，由于受到技术、手段、存储和运算能力的限制，只能基于二维平面对客观世界进行数字化表达。随着高时空分辨率测绘卫星、激光雷达测量和移动测量等"空天地"立体数据采集技术，以及5G网络、区块链、云计算、大数据和人工智能等新技术的迅速发展，通过三维手段对现实世界进行更清晰的描述和科学管理则已具备充分条件。

实景三维作为真实、立体、时序化反映人类生产、生活和生态空间的时空信息，是国家重要的新型基础设施，通过"人机兼容、物联感知、泛在服务"实现数字空间与现实空间的实时关联互通，是数字政府、数字经济重要的战略性数据资源和生产要素。简而言之，是当前最火的元宇宙、物联网、数字孪生、智慧城市的三维基础。

面对东莞市快速城市化进程中农房管控与治理的需求与挑战，需要用三维手段构建农房台账查询管理与展示系统。武测空间公司携手大疆，花费15天时间完成数千平方公里飞行航测，成为行业内的经典案例。

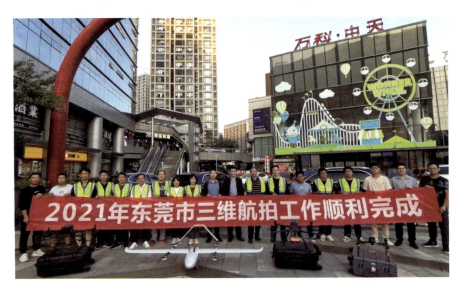

图2-12　2021年10月，东莞市三维航拍工作顺利完成合影留念

图2-13　武测空间公司团队2024年春季巴厘岛团建活动

张小星介绍："这次项目实施受业主单位委托，以倾斜摄影覆盖全市大部分区域范围，以贴近摄影测量方式覆盖城市 CBD 中心区域，配合后期处理实现了对高层异构建筑的精准建模。项目时间紧，任务重，要求高，前后投入专业技术人员及航拍工作人员共计 500 余人，主力机型采用大疆经纬 M300 RTK，通过智能规划航线自动飞行，采集速度快，效率高，单期数据采集出动无人机 26 架，像控点布设 5000 余个，航拍 920 架次，无人机飞行总里程 2.3 万公里，无人机搭载的赛尔 102S V3、202s 五目相机及其他各类型倾斜相机共 20 余台，航拍照片数约 500 万张，采集数据量约 80TB，通过使用大疆智图在内的数据处理软件，开展实景三维东莞全市全域项目作业。"

武测空间公司面对迅猛增长的市场需求，用过硬的技术能力积极响应，除了对东莞市进行 2 次全市航拍及三维城市建模，还对深圳市前海、龙岗、光明、深汕合作区等提供智慧城市三维底图建模；对深圳地铁线实景三维建模助力地铁规划；深度还原数字化智慧景区文物古建筑，包括龙门石窟、晋祠、武帝陵、三门峡等近 20 个知名景区。武测空间公司正在成为城市变化的记录者、景区数字化的参与者和轨道交通规划者的有力助手。

张小星透露，武测空间公司自创建至今实施航飞面积 11000 平方公里；航线长度 65000 公里，相当于围绕赤道 1 圈半；10 余个城市级数据，采集数据总量达 PB 级；共收集 500 万栋建筑的厘米级三维建模数据。

瞄准技术前沿，铸就行业标杆

随着无人机以及倾斜摄影相关技术的发展和进步，航摄应用的领域也越来越多，特别是在应急救灾、军事对抗、城市管理、国土监测等方面得到了很好地推广。利用无人机技术开展测绘工作，让地理信息数据的获取更加方便和快捷，把大量的野外工作交给了无人机，把高强度的测量工作搬到了室内，可针对农房治理政策快速固化城市存量建筑，规范农房建设，为城市未来发展节约资源，降低治理成本。同时，通过数据脱敏处理后，还可让自然资源、住建、城管、环保、交通、市政等多个部门共同使用，为智慧城市建设夯实地理底座，有助于城市高质量发展，社会、生态效益显著。

"数字孪生技术在工业、城市管理、资产管理等多个领域的赋能作用已得到验证，目前如智慧海洋、智能制造、智慧城市、智慧园区、智慧能源、智慧港口均是今天数字孪生技术的落地应用方向。"张小星介绍，武测空间公司 2022 年受邀入驻鲲鹏产业源头创新中心并在多方面达成合作。

2023 年 4 月 6 日，第 11 届 CVM 计算可视媒体国际会议于深圳市博林天瑞喜来登酒店顺利召开，作为助力低空经济产业发展的前沿科技

图2-14　2023年4月6日至8日，武测空间公司参加第11届CVM计算可视媒体国际会议

企业，武测空间公司参与大会，张小星在会上介绍了基于 Web 的轻量级真实世界 3D 数据展示应用平台，通过自动数据分析将海量数据转换为轻量级数据的处理技术，该平台可以帮助用户制作独家智能大屏幕系统，还支持 3Dtiles（B3DM）、XLS、SHP、GEOJSON 以及如表数据和矢量数据等其他数据，模型链接可以通过网页加密分享。他说："测绘行业缺乏国产的自主产权软件平台一直是行业痛点。近年来，我们深挖客户的潜在需求，增加了对研发的投入，最新研发的 Meshseed 轻量化 web 端实景三维数据展示平台，可以让三维数据更好地展示，充分对接客户的需求。该展示平台可被应用于智能城市管理、城市规划、应急地图、房地产开发、公园管理等许多领域，为数字孪生三维数据管理提供强大而高效的技术手段。"

张小星为自己拟订了未来的 5 年计划，希望 5 年后公司能登陆科创板，把新兴技术不断地带入到低空数据服务行业，成为技术派中坚力量。

【高质量发展指南针】
专利是企业开疆拓土的利器

对于企业来说，创新是立身之本、活力之源，也是决定企业发展方向和发展速度的关键要素。知识产权是新质生产力中的关键要素。促进专利技术向经济效益转化的良性循环，不仅仅关系到企业的自身发展，而且对推动社会经济向更高质量发展也极其重要。正如深圳市武测空间公司创始人张小星所言："借助创新，可以不断提高企业的生产效率，也能提升用户的体验。专利是企业开疆拓土的利器，帮助企业在激烈的市场竞争中立于不败之地，有助于企业实现高质量发展。"

张小星非常注重从项目实施过程中凝练知识产权，比如，在创业早期，他白天需要进行数据采集，晚上回办公室写专利，项目结束后便完成了第一个发明专利——一种单相机倾斜摄影三维建模系统的申请。他说："这是我们核心业务的基础专利，以后企业的发展都是在这个专利技术上的进一步延伸和深入。"2019年团队在进行东莞城市数据提取过程中，需要采用遥感、大数据与人工智能等测绘地理信息与新一代信息技术对地物进行自动化提取和分类，武测空间公司采用了无人机航摄并自动化提取的方法，取得很好的效果。在这个项目基础上，张小星撰写了"基于无人机航摄三维建模的地物轮廓提取分类方法"的发明专利，并于2022年2月获得授权，2023年初在此专利基础上，武测空间公司申报了"2023年测绘地理信息科学技术奖"。创业8年时间里，武测空间公司陆续获得国家高新技术企业、国家甲级测绘资质、深圳市专精特新企业的认证，并取得5项发明专利、11项实用新型专利及30余项软件著作权，在知识产权创造方面交出了亮眼的成绩单。

在项目管理的过程中，张小星不断凝练数据采集与处理的步骤及相应的技术方法，并通过知识产权体系的系统化建设，用大企业的知识产权标准来管理初创公司，在创业的过程中不断积累企业的发明专利、商标、软件著作权，并通过企业知识产权管理体系认证，提升企业的知识产权管理水平以及员工对知识产权体系的认知，让知识产权成为企业开疆拓土的"撒手锏"。

张小星介绍："起步阶段，我们就是个体户形式的草根企业，通过持续创新，重视对知识产权的创造、运用和管理，我们从众多个体户的竞争中脱颖而出，以持续创新带动企业高成长性发展，让专利、软件著作权构筑成企业核心竞争力的'护城河'，企业获得的市场机会越来越多，汇聚的人才素质也更高。专利战略让我们尝到了甜头，未来还要继续在创新道路上积累更多的高质量专利，让企业前进的步伐更加坚实。"

图2-15　2022年9月，武测空间公司团队无人机航拍作业现场

第三章

产学研合作是企业
高质量发展的捷径

企业发展走上创新驱动这条路之后，注重知识产权的创造、保护和运用，无形资产也越来越重要。然而，光靠企业自身力量来推动技术创新远远不够，还需要借助科研机构和高校的"外脑"，通过开展产学研合作，推动企业高质量发展。

由于企业和科研院校是两种性质的机构，两种不同的文化和评价标准，科技与经济"两张皮"的问题长期未能解决，表现为很大一部分技术成果难以转化为现实生产力，技术创新活动难以实现经济效益，大量技术资源被浪费了。因此，产学研合作是创新驱动发展战略实施中的重大课题，产学研合作既是企业高质量发展的捷径，又是破解科技与经济"两张皮"问题的有效方法。

过去相当长一段时间里，深圳缺乏大院大所。虽然缺乏源头创新，但深圳在产学研合作探索方面走在全国前列，通过推动企业与科研院所的深入研发合作，帮助企业转型升级，深圳成为科技成果产业化的沃土，其产学研合作的模式丰富多样。尤其是产业联盟和新型研发机构等组织形式颇具特色，为国内众多企业实现高质量发展、加快形成新质生产力提供了有益的借鉴。

一、科研机构助力企业转型升级

1. 企业是研发投入的主体

长期以来，我国产学研合作模式主要存在以下两种：一是科研院所和高等院校通过技术转让或者合作开发与企业开展产学研合作，国内绝大多数的企业尚缺乏实力和能力，技术吸收能力较弱，因此产学研合作难以可持续地进行下去；二是科研院所和高校进行技术创新，利用其核心技术能力直接办企业，进行技术商业化和产业化，北大方正、清华同方、曙光等是典型的案例。

深圳缺乏大院大所和高校，大学和科研院所直接办企业并不多，更为常见的产学研模式是由企业提出研发需求，跟大学和科研院所合作开发，共同推动成果产业化。

深圳企业作为研发投入的主体，在产学研合作中也就顺理成章地成了主导力量，体现在 3 个方面：一是问题导向推动院校科研力量面向关键技术攻关，当企业在研发新产品的时候，遇到技术难题，就会求助于高校和科研院所，这样由问题导向产生了研发的方向，更有助于高校和科研院所的科技成果产业化落地。比如，深圳市德厚科技有限公司创始人林俊君找到深圳大学化学与化工学院的教授，委托其开发透明隔热涂料，这种涂料可以减少建筑物的热传递，达到很好的节能效果。2008 年，德厚科技与深圳大学签订了长期的研发合作协议，致力于纳米透明隔热玻璃涂料的研制与产业化，重点对纳米透明隔热玻璃涂料的制备及应用技术进行研究。产学研合作的深入推进，让这款新材料产品走出了实验室，广泛应用于建筑玻璃幕墙上，发挥出很好的节能效果。

二是需求导向让企业和院校的合作开发有更明确的目标，容易形成研发的合力，科研成果更容易转化。比如，深圳的锂电池产业发展很快，可锂电池的隔膜材料被日本厂家垄断，这让国内锂电池生产商时刻面临断货的危险，而国内众多锂电池厂商对隔膜材料又如饥似渴地期盼着。深圳市星源材质科技股份有限公司（以下简称"星源材质"）创始人陈秀峰看到了其中所存在的巨大市场需求，最终决定自己挑头来研制锂电池隔膜材料，可这是胜算非常渺茫的一条险途，涉及隔膜原料配方、生产工艺、专业生产设备等一系列挑战。而且国外厂商对我国进行全面设备封锁，国内也没有相关的技术人才。面对重重困难，陈秀峰果断提出进军锂电池隔膜的研发制造领域，与国内高分子材料研究权威院校四川大学、广东工业大学，建立了具有排他性的产学研合作关系，开始锂电池隔膜研发。陈秀峰就凭借产学研合作的这个绝招，带领企业在锂电池湿法隔膜产业化技术上取得突破，解决了湿法隔膜制造的关键技术难题，并在广东东莞樟木头投资建立了锂电池隔膜湿法制造中试生产线，打破了外国厂家对我国锂电池隔膜技术的封锁。星源材质逐渐成长为中国拥有隔膜制备专利技术最多的锂电池隔膜企业。

三是企业主动加大研发投入，通过建立"院士工作站"或者"联合实验室"，借助"外脑"的力量夯实企业研发实力。比如，普门科技于 2016 年 1 月夺得国家科学技术进步奖一等奖，这是我国医疗器械企业赢得的首个国家科学技术进步奖一等奖，2019 年 11 月普门科技成功登陆科创板。普门科技的成功与企业尊重科学家、注重临床实践的精神密不可分。普门科技创始人、董事长刘先成曾说："我们公司早期的时候，就建立了广东省第一批院士工作站，我们看到院士的智慧是巨大的宝矿，要尽量从一流的科学巨匠那里获得指导和帮助，并把它很好地转化为受市场欢迎的产品，去服务更多的患者。2009 年 8 月 9 日，付小兵院士第一次来到普门科技考察，拉开了与普门科技合作的序幕。付小兵院士是我国创伤和组织修复与再生医学顶级科学家之一，主要在临床应用方向对普门科技的研发和产品改进提出了很多宝贵的建议和指导。"企业充分尊重科学家，通过发挥院士工作站的外部智囊作用，不断地加大研发投入，坚持不懈地提升企业创新能力，从小微企业逐渐发展成为行业中的新一代明星企业。

2. 新型研发机构应运而生

深圳清华大学研究院是深圳市政府和清华大学于 1996 年 12 月共建的、以企业化方式运作的事业单位，研究院的战略目标为"服务于清华大学的科技成果转化、服务于深圳的社会经济发展"，从此开启了中国新型科研机构的崭新探索。

深圳清华大学研究院首创"四不像"创新体制：既是大学又不完全像大学，既是科研机构又不完全像科研院所，既是企业又不完全像企业，既是事业单位又不完全像事业单位；形成了概念验证、中试工程化、人才支撑、科技金融、孵化服务和海外合作六大功能板块，在探索把科研成果转化融入企业孵化的新途径中，努力把科技经济"两张皮"在创新创业企业的载体上进行融合。

该研究院现已成立了面向战略性新兴产业的130多个实验室和研发中心，引进培育重大科研项目团队，为国家解决重大关键领域"卡脖子"问题；累计孵化企业3000多家，培养上市公司30多家；践行国家战略，加速产业转型创新，与大型央企、国企合作探索科技创新的新模式；为中小微科技企业提供"一揽子"科技金融和孵化服务支持，加速科技产品走向市场；先后创立北美（硅谷）、英国、俄罗斯、德国、以色列、美东（波士顿）、日本等七个海外中心，引进海外人才和高水平科技项目，提供优质人才服务。因对广东省及深圳市的科技经济发展做出了卓越贡献，2015年"深圳清华大学研究院产学研深度融合的科技创新孵化体系建设"项目荣获广东省科学技术奖特等奖。

自全国第一个"四不像"机构——深圳清华大学研究院出现后，近年来深圳涌现出许多家新型研发机构。这些研发机构在提供研发咨询等服务的同时，也对内部研发成果进行独立孵化，研发团队直接创办企业，将研发成果应用到生产中，如今深圳新型研发机构已经超过100家。它们探索出一条科学发现技术发明和产业发展一体化的独特道路。在这些新型科研机构中，中国科学院深圳先进技术研究院（以下简称"深圳先进院"）无疑是最令人瞩目的明星机构，下面结合深圳先进院的案例简要介绍新型研发机构的特点。

深圳先进院成立于 2006 年，是深圳市政府与中国科学院共建的一所国家科研机构，其建立是深圳建设创新型城市和中科院科技布局调整合力产生的结果，它的诞生标志着深圳告别了没有"大院大所"的历史，从此拥有了一支科研实力雄厚、可将知识生产过程工业化的科研院所"国家队"。

从深圳先进院成立之初，中科院对这个新成立的研究机构的一个最基础也最重要的检验标准就是做到"三满意、一认可"，即"当地政府满意，当地企业满意，当地人民群众满意，获得国内、国际科技界认可"。为了达成这个标准，深圳先进院坚持以"应用"为牵引，研究单元就如同灵活组合的一块块"乐高"零件，根据产业需求和定位不断更新学术方向设置和团队组成，在最短时间内形成对社会经济与科技发展的强有力支撑。

其中，机器人产业就是一个非常典型的案例。机器人是"制造业皇冠顶端的明珠"，是智能制造的重要载体，其研发、制造、应用是衡量一个国家科技创新和高端制造业水平的重要标志。2006 年，深圳先进院就以前瞻性的眼光从源头布局机器人领域，开展集成创新与应用示范，同时培养相关的人才。在那年的中国国际高新技术成果交易会上，深圳先进院以"深圳有了国家队"为主题，布置了一个 300 平方米的展台，18 位海归带着 18 个项目参展，展示的都是当时最先进的机器人、新材料，吸引了不少企业前来了解，也奠定了深圳先进院和企业合作的基础。2007 年，深圳先进院又在高交会上承办了国内首次机器人专展，并延续至今。

由深圳先进院牵头的深圳市机器人协会于 2009 年 3 月成立，标志着深圳市机器人产业的发展步入快车道。2014 年，深圳先进院牵头创立了中国第一个机器人产业协会以及产业联盟，建立了中国第一个机器人孵化器，创立了中科创客学院，打造服务机器人产业集群和孵化基地，有效催生和壮大了机器人新工业。

这些努力都转化为最实在的经济成果，直接推动深圳机器人总产值从 2006 年的 5 亿元发展至 2023 年的 1797 亿元。

深圳先进院创院院长樊建平对科研成果的转化模式进行了精彩的介绍："这些年来，我们不断创新，但创新不只是一个想法，也是一个从想法到研发到量产再到销售的完整链条和连续过程。然而在现实中，科学技术与科技成果转化之间存在一道科技应用的'死亡之谷'。为了解决这个世界性难题，在光明科学城建设过程中，我们一改科研成果产出后再寻求转化的传统模式，率先探索了'0-1-10-∞'的'蝴蝶模式'。即以新型研究型大学为'蝶头'，以基础研究机构为'蝶胸'，聚焦'0-1'的原创突破，科教融合引领高质量科技人才与产业人才的培养；以重大科技基础设施和'楼上楼下'创新创业综合体为'蝶腹'，融通重构创新要素，助力'1-10'的产业转化，增强科技成果转化、孵化链条的韧性；以'有为政府'和'有效市场'为左右'蝶翅'，跨界整合创新创业，驱动'10-∞'的能级跃升，强化未来产业发展的核心竞争力。"未来，深圳先进院计划将在光明科学城合成生物领域形成的"蝴蝶模式"推广到脑科学、高端制造、电子材料、生物医药、深海技术等领域。

与传统科研机构相比，新型科研机构领导方式和管理方式都发生了变化。著名经济学家樊纲在《国家战略科技力量：新型科研机构》一书中，重点介绍了深圳先进院作为深圳新型科研机构的代表，经过十多年不懈探索取得的宝贵经验，并归纳出新型科研机构的八大鲜明特征。

一是组织架构不同，新型科研机构建立了高效的理事会管理模式。传统科研机构多为政府任命院长或所长，新型科研机构是理事会组织架构，实行理事会、董事会决策制和院长、所长、总经理负责制。

二是投资主体不同，新型科研机构投资主体可以是企业等社会主体。传统科研机构投资主体主要为政府，新型科研机构实行政府引导、高校科研机构或企业等社会资本共同参与的多元化投入机制，作为投资主体之一的政府部门不会以行政命令方式来干涉科研机构的运行和发展。

三是单位性质不同，新型科研机构更多的是体制外和混合体制。传统科研机构性质多为事业单位，新型科研机构性质可以是事业单位，也可以是民办非企业、企业。

四是经费来源不同，新型科研机构经费较为多元。传统科研机构主要靠政府财政支持，新型科研机构来源多样化，可以从政府、企业、社会等多渠道获得经费支持。

五是机构功能和研究定位不同，新型科研机构在科研、教育、投资、成果转化等方面实现了多位一体。传统科研机构多定位于基础研究，且多为公益性机构。新型科研机构以市场需求为导向开展高新技术研发，强调基础研究、应用开发与产业化相结合，是集教育、科研、孵化和产业化于一体，以孵化衍生企业、产业化为导向的研究机构。新型科研机构可以瞄准行业关键核心技术，围绕战略性新兴产业进行研究，也可以是公益性基础性研究平台。

六是人才管理模式和队伍架构不同，新型科研机构构建了激励创新的人才管理体系。传统科研机构人才管理较为僵化，既了解市场又懂研发的混合型人才相对较少。新型科研机构运用灵活的使用、培养、评价方式，注重人才能力和实际贡献，充分激发科研人员的积极性。同时，大多数新型科研机构拥有高层次、国际化、专业化，既了解企业又懂研发的科技人才。

七是管理机制不同，新型科研机构在项目管理、财务管理等方面建立了现代化的管理制度。传统科研机构主要按照事业单位管理，根据政府要求进行科研管理，有固定的事业人员编制。新型科研机构更多按照企业化方式运行，建立了现代法人治理结构，在项目管理、财务管理和企业文化等方面实现了管理制度现代化，具有可持续发展能力。很多新型科研机构通过自主确定科研课题的方式开展基础研究和应用研究，将科技成果转化为现实生产力。

八是绩效评价方式不同，新型科研机构构建了以科研成果产业化为目标的绩效评价体系。传统科研机构主要以基金课题数量、论文数量以及专利数量作为考核依据，新型科研机构除传统科研机构评价方式外，更多以成果转化、衍生孵化企业、科研合同数量等为依据。深圳大部分新型研发机构都按照企业化管理方式运作，建立了合同制、动态考核、末位淘汰等管理制度。[①]

深圳的新型科研机构注重内生的创新激励机制建设，不论是从中科院深圳先进技术研究院、深圳清华大学研究院，还是华大基因的发展经验看，广东地区新型科研机构既有"研究院＋公司"模式引进企业和社会资金孵化科研项目，也有"科研、产业、资本、教育"四位一体的运行机制。这些新型科研机构已经成为粤港澳大湾区建设科技创新中心、产业创新中心的坚实力量。

---

① 樊纲. 国家战略科技力量：新型科研机构[M]. 北京：中国经济出版社，2022年：55-57.

二、产学研合作受到政府鼓励和推动

深圳的政策环境推动产学研合作加速发展，帮助企业对接创新资源，进一步拓展了产学研合作的速度、广度和深度。

深圳市政府部门为推动产学研合作，从以下三方面提供政策便利：一是搭建成果转化平台，深圳市政府积极建设技术转移全球交易、知识产权运用、技术项目中试熟化、国际并购等平台网络，连接技术转移服务机构、投融资机构、高校、科研院所、企业等主体，大力支持平台上的各类技术转化活动。比如，2022 年 6 月，深圳市国有企业专利开放许可试点平台在中国（深圳）知识产权保护中心网站上线运行，首批上线的项目包括 89 件专利。专利开放许可制度是专利法第四次修改中创设的一项新制度，为推动这一简便快捷的"一对多"许可制度高效运行，深圳市建设了"深圳市国有企业专利开放许可试点平台"，这一平台面向创新征集有意探索实施开放许可的专利项目，目前共发布了深圳环境水务集团等数十家国有企业的专利，为深圳市专利权人和国内外企业提供专利许可信息服务，促进专利"一对多"快速许可，推动专利技术的转化。

二是大力激发研发团队成果转化热情。深圳市政府率先将职务成果转化收益的 70% 以上赋予成果贡献人员和团队，并鼓励高校和科研院所成立科研成果孵化基地，推行内部孵化。郑海荣团队是其中一支获得重奖的团队，这是深圳先进院成立前十年的历史上对科研人员单笔金额最大的奖励。时任深圳先进院医工所所长郑海荣研究员牵头的影像中心是国内医学工程领域科研人员规模最大、科研实力最雄厚的研究单元之一，在声辐射力弹性成像技术的研究处于国际先进、国内领先的水平。2015 年，该团队的一系列最新研究成果引起医疗上市公司乐普医疗的青睐，乐普出资 900 万元购买深圳先进院拥有的涉及二维声辐射力彩色弹性成像的相关核心技术专利 7 项，并且深圳先进院以另外 5 项专利入股，与乐普医疗联合成立了中科乐普公司，研制基于二维辐射力彩色弹性成像技术的新型医疗设备，深圳先进院占有该公司 25% 的股权。截至 2016 年，深圳先进院已经收到 900 万元专利购置款，合资公司注册完成。根据最新颁布的《中华人民共和国促进科技成果转化法》，深圳先进院将出售 7 项专利净收益的 50%（约 360 万元）一次性奖励给郑海荣团队及转移转化团队，同时郑海荣团队拥有小部分合资企业的股份。

三是出台政策鼓励产学研合作组织发展壮大。为鼓励产学研合作组建产业技术联盟，深圳市政府规定符合条件的产业技术联盟可以登记为企业法人，享受企业法人研发费用加计扣除政策，并支持其承担科技计划项目。① 产业联盟是产业链上各主体自我管理的一种自组织形式，将企业、高校、科研院所、金融机构甚至行政主管部门等主体纳入一个合作体系下面，其存在有效降低了市场的交易费用，加速了要素的流动与共享，推动产业集群的形成和产业成长，同时也有助于提高企业与政府谈判的能力，改善政商关系。

以深圳市生命科技产学研资联盟为例，可以看出产业联盟的组织特色和作用。首先，参与主体众多。深圳市生命科技产学研资联盟原名为"深圳基因产学研资联盟"，2013 年成立，创始会员包括华大基因、中科院深圳先进院、微点生物、迈瑞医疗、万科、深圳创新投等多家单

① 靳睿, 于畅, 姚李亭. 深圳产学研一体化的经验分析与政策建议[J]. 现代管理科学, 2018 (6).

位，后来又吸收几十家涉足基因领域的高校、研究院所和企业参与，目前联盟会员包括知识和技术、资金提供方、生产转化方和各类中介服务方，已经打通了生命科技产业的知识链和产业链。[①] 其次，合作领域广泛。深圳市生命科技产学研资联盟构建企业、教育、科研、投资机构之间合作的四位一体的新型合作创新机制，建立全方位的战略合作。具体包括：通过技术交流、人才培训、实验室设备共享、联合研发等方式促进研发合作；通过在联盟成员之间建立专利等资源共享机制，促进知识产权合作；打通与银行、风险投资等机构之间的资金渠道，促进投资合作；等等。联盟为会员企业提供专业咨询、投融资、专利申请、人才培训等多种定制化服务。最后，协调政企关系。深圳市生命科技产学研资联盟注重构建政府与生命科技产业集群之间的引导合作机制，深度参与政府的相关决策和管理，比如，协助行业主管部门对生命科技产业发展实行规范和辅导，向政府反映盟员的意愿和诉求，提出促进产业发展的建设性意见，为政府制定相关产业政策提供依据，可作为申报国家、省、市各级政府以及国际产学研资合作项目专项基金的载体，负责项目的组织与申报，等等。

---

① 靳睿, 于畅, 姚李亭. 深圳产学研一体化的经验分析与政策建议[J]. 现代管理科学, 2018（6）.

三、依托"联合实验室"，走出产业"小巨人"

1. 联合实验室受企业青睐

2022 年 7 月，一场跨界会议在深圳举行，参会方分别来自深圳翰宇药业、深圳先进院、深圳理工大学（以下称简"深理工"）。中国第一家多肽药物上市企业与合成生物学领域资深科学家携手组建"合成生物学与多肽药物联合研究中心"，共同向多肽创新药研发并肩进军。

翰宇药业成立于 2003 年，拥有 24 个多肽药物、9 个新药证书、24 个临床批件和 58 个生产批件，是国内拥有多肽药物生产批件最多的企业。翰宇药业负责人对此次成立的联合研究中心充满期待："在技术研发过程中，翰宇药业作为产业方，会从临床需求出发，确定创新药的具体方向及靶点。而深圳先进院则利用强大的基础研究能力，包括但不限于合成生物学的相关技术来解决这些问题，再结合公司创新药转化平台和规模化生产平台，实现产、学、研的优势互补，强强联合。"[①]

合成生物学与多肽药物联合研究中心的成立，恰恰是深圳先进院探索联合实验室模式、为产研双方搭起沟通桥梁的一个缩影。深圳先进院院企合作与创新发展处处长毕亚雷介绍："联合实验室的创新平台既引导科研方向，也可以解决产业痛点，是产学研协同创新链条中的重要一环。"[②]

---

① 袁斯茹. 深圳先进院携手企业、高校、科研院所跨界织网协同创新 200 个联合实验室见证产学研蝶变[N]. 深圳商报, 2022-08-23 (8).

② 同上注。

　　长期活跃在产业化前沿阵地的毕亚雷发现，与企业协同创新的企业联合实验室发展很快，仅 2021 年就有 35 个企业联合实验室成立，合同额超过了当年新签横向合同额的 50%，企业和团队接受度都很高。这种"共同创造创新成果"的协同创新模式，解决了原来责任和产出不对等"两张皮"问题，不仅能引导企业进入原来未知的新兴产业领域，也很好地引导研究开发向产业需求倾斜，为产业化做了良好的准备，为成果转化做好基础工作。

　　那么，企业联合实验室为何会成为主流的合作形式呢？毕亚雷分析道，创新成果在团队和合作者之间存在信息不对称，是一种典型的博弈场景。博弈论最基本的问题有两个：一个是协调问题，另一个是合作问题。成果转化的结果是"谈"（合作）出来的，不是"评"出来的。在成果转化过程中，技术转化为商品需要付出巨大的努力，相关的资金、产业资源都需要合作伙伴付出有形的成本，科研机构一般提供无形资产和科研资源，双方的风险和利益冲突是显而易见的。在这种状态下，基于双方已有的创新与产业资源、面向共同的产业创新目标、开展协同创新的联合实验室就成为一个很好的低成本交流平台，在合作中，合作双方共同把复杂的全局问题简化，实现分阶段的合作与双赢，从而避免违约等恶性冲突，因此成为先进院产业合作中的主流范式。

　　毕亚雷透露了另一个诀窍，由于成果转化是信息不对称的博弈，研究机构、团队的品牌作用非常重要，成功的合作案例成为研究机构签订合约的重要支撑，1000 多家合作企业用超过 12 亿元的资金资助深圳先进院开展产学研合作，产业横向合作的优秀科研团队能促进成果转化与企业孵化，合作成果也获得了众多的国家、行业、产业的奖项，无疑会大大激励科研团队积极与企业协同创新。

截至 2023 年底，深圳先进院累计与招商局集团、华为、联影医疗、中海石油、商汤科技等龙头企业共建联合实验室超过 240 个，签约近 1200 个横向项目，合同金额超 15 亿元。而合作对象从科研机构、龙头企业到创新型中小企业，可谓应有尽有。如今，不仅合作规模比十几年前跨越了几个大台阶，合作方式也更迈向专业、细分。比如，通过联合实验室，发展出了新赛道。湖北兴发化工集团股份有限公司已有多年化工产业积累，在和深圳先进院材料界面研究中心主任喻学锋团队成立"碳中和产业创新中心"后，引入该团队的黑磷、磷基电池材料、气凝胶等技术，实现了新产品的开发和产业转型。又如，联合实验室对企业现有产品赋能升级。深圳先进院与稳健医疗打造的"创面敷料创新技术研究联合实验室"，在其现有的医用敷料技术上，双方围绕硼酸盐生物活性辅料等，对产品功能进一步升级。

在此基础上，深圳先进院发展处团队还积极组织联合实验室科研团队与合作企业携合作成果，参加中国国际高新技术成果交易会、全国大众创业万众创新活动周、率先杯未来技术创新大赛等国家品牌的成果产业化活动，开展综合展示与产业互动，已有多项成果成为高交会"十大人气产品"等，通过主流媒体、政务信息、新媒体等传播手段，实现效益双丰收。深圳先进院科研团队在合作中获得企业的信任，让其他企业慕名而来，表达建立联合实验室的新意向。因此，依托与科研院所共建的"联合实验室"，走出了一大批产业"小巨人"。

深圳先进院企合作与创新发展处副处长黄小华表示，深圳先进院定位为"工研院"，始终坚持与企业以共建联合实验室等形式开展协同创新，而这一做法与国家推动的"大中小企业联合高校院所，组建一批协同创新联合体"的方向不谋而合。

2. 博士后成为深圳企业科技创新的生力军

2022 年 11 月 28 日，中国科学院深圳先进技术研究院、深圳理工大学与香港理工大学联合招收培养博士后项目合作备忘录签约仪式在深圳先进院举行，现场向计划进站联合培养的博士后候选人肖林霞颁发意向书。

此次深圳先进院、深理工与港理工联合培养博士后的合作，开启了港澳和内地联合培养博士后的新模式，突破了以往由内地选派博士后赴港澳进行全程培养的模式，实行博士后在内地与香港双城培养，实现博士后经历受两地认可，有利于高效连接深港两地优质高等教育资源，助推人才培养，深度服务深港两地科技创新发展，为全国博士后制度做出全新尝试和有益探索。

1995 年 7 月，全国博士后管理委员会与深圳市联合设立深圳企业博士后工作站，这标志着深圳博士后工作正式开展。作为深圳高层次人才的"储备库"，博士后群体在深圳科技创新和产业发展方面具有重要推动作用。近 5 年来，深圳博士后引进人数年均增长 24%，截至 2022 年 10 月底，全市在站博士后 5098 人，位居全国大中城市前列。全市博士后科研流动站、工作站（分站）、创新实践基地、依托校本部招收单位，总数超过 560 家[①]。2020 年，综合改革试点首批 40 条授权事项清单发布，赋予深圳对企业博士后科研工作站分站的设立和撤销权限，进一步提升了深圳博士后引进、培养平台整体质量。截至 2022 年底，深

---

① 魏薇，浦萘烨. 深圳在站博士后5136人 居全国大中城市前列[N/OL]. (2023-03-05) [2023-03-05]. https://szsb.sznews.com/PC/layout/202303/05/node_A04.html.

圳已评审通过了 12 家企业博士后工作站分站，引进博士后人才 32 人。[①]

2022 年底，深圳市博士后联谊会和深圳中科先进产业私募股权基金管理公司共同签订《深圳市博士博士后创新创业投资基金合作协议》，这是深圳首只重点面向博士、博士后的投资基金，计划总规模 5 亿元人民币，其中，首期规模 2 亿元人民币。该基金主要面向深圳市或有意向落户深圳市的优秀博士、博士后参与的创新创业项目，聚焦投资半导体与集成电路、智能传感器、新材料等深圳市"20+8"战略性新兴产业和未来产业。

求贤若渴的深圳市委、市政府，长期高度重视博士后工作，将博士后作为深圳市高层次人才队伍的一支生力军重点打造，主要体现在两个方面：一是重点布局，打造深圳博士后创新平台。市政府与清华、北大、哈工大合作共建三所研究生院、与中科院共建深圳先进技术研究院，大力扶持深圳大学、南方科技大学建设，大力培育面向内地及香港高校的院校产业化基地，这些为深圳博士后工作开展提供了重要的科研创新平台及学术依托。二是紧密契合产业发展，使博士后成为深圳企业科技创新的助推器。深圳企业博士后科研工作站 62% 的单位属于战略性新兴产业。其中，从事电子通信及互联网产业的占 31%，从事金融证券产业的占 12%，从事新能源新材料产业的占 14%，从事生物技术及医疗器械产业的占 18%。深圳企业博士后研究形成的大量专利和知识产权，为深圳产业转型发展提供了不竭的动力。三是优化环境，推动深圳博士后工作持续健康发展。深圳市连续 10 余年，大力对博士后工作进行资助，市财政平均每年投入近 4000 万元资金用于博士后设站单位资助、

---

① 魏薇，浦蓁烨. 深圳在站博士后 5136 人 居全国大中城市前列[N/OL].（2023-03-05）[2023-03-05]. https://szsb.sznews.com/PC/layout/202303/05/node_A04.html.

博士后日常经费补助、在站博士后生活补助、出站留（来）深博士后科研资助。以"传播上游知识，弘扬创新精神"为宗旨，深圳于2007年创立了"中国·深圳博士后创新讲堂"，目前已成功举办34场。其他的如"博士后学术沙龙""博士后企业行""博士后迎新春晚会"等活动，为深圳博士后营造了宽松活泼的沟通与交流环境。①

值得关注的是，深圳市博士后工作站以企业为主体，其中，93%的博士后站点设在企业里，科研工作站数量位居全国计划单列市前列；深圳基于院校产业化基地的博士后科研创新十分活跃，背靠国内、依托香港、面向国际的博士后科研平台日益完善。博士后作为高层次专业人才队伍的一支生力军，在深圳科技创新与产业发展的版图中发挥着越来越重要的作用，为加快发展新质生产力提供强大的智力支撑。

---

① 来源：深圳市人力资源和社会保障局，发布日期：2021年10月20日。

【案例赏析 一】

瑞亚力：推动产学研为生物医药产业赋能

企业档案：深圳瑞亚力集团有限公司总部位于深圳坪山综合保税区，在中国香港、北京、上海、山西以及英国、新加坡等地开设了子公司，是集体外诊断试剂原材料、标准质控、科研技术服务、生物原料国际研发转化中心为一体的创新科技平台型公司。瑞亚力集团通过产学研合作率先研发出分子诊断用的液滴生成油、诊断级牛血清白蛋白、羊抗人多克隆抗体等打破外国企业垄断的诊断核心原材料，为国内体外诊断试剂产业提供稳定可靠的原材料支撑。

2023 年 3 月 29 日，全球知名 IVD 企业希森美康生物科技（无锡）有限公司（以下简称"希森美康"）与深圳瑞亚力集团有限公司（以下简称"瑞亚力集团"）在深圳举办了战略合作签约仪式，在联合实验室、质控品、原料上达成战略合作。像希森美康这样牵手瑞亚力的跨国公司络绎不绝，意大利索灵、西门子医疗等国际知名企业也准备把联合实验室设在位于深圳坪山区的瑞亚力集团总部大厦。

9 年前，瑞亚力集团发端于山西的一个小县城，从最初 50 万元的销售额一直到现在企业年销售额超过 1 亿元，生物抗体产品出口美国、英国、德国、韩国、日本等发达国家。瑞亚力集团的掌门人是山西小伙子苏少博，回顾辞职创业一路走来，他感慨地说："通过紧密的产学研合作，瑞亚力集团能为生物医药产业进行赋能，这也是我创业的意义所在。"

图3-1 苏少博介绍瑞亚力集团进行产学研合作的进展和收获

创业前三年，面临巨大困境

苏少博2010年从中国科学技术大学博士毕业，入职深圳先进院工作。当时，山西省与深圳先进院有一个合作协议，希望寻找合适的高新技术项目去山西省生根发展。

苏少博回忆道："因为我是山西人，院里的领导找到我，我就负责对接这个合作事宜，最初介绍一些电子信息方面的项目过去，然而山西方面判断其在落地上存在模糊性，也缺少上下游的配套。一晃半年过去了，我又推荐过去一个羊抗人多克隆抗体项目，由于山西区域有山羊资源，所以他们很快就看上了抗体项目，邀请我过去牵头做抗体项目的产业化工作。"

不到30岁的苏少博第一次来到山西阳城县，看到这里条件极具挑战。"那时给项目提供了450万元的资金资助，一辆发动机偶尔停止运转的'车大哥'，配了一个司机，300平方米的毛坯房，这就是全部家当，项目需要从装修实验室、买桌椅和科研设备，招聘人才，组建队伍开始。"苏少博沉下心来，扎根阳城，注册成立了山西瑞亚力科技有限公司，从山西农业大学招聘了七八名应届生，跟着公司的技术总监一起，开始了最初的科研工作。

从 2014 年起步，苏少博团队在阳城建立了 300 平方米前沿的生物洁净实验室、1600 平方米 GMP 生物抗体实验室、约 40 亩的标准化实验动物养殖基地。

三年时间飞逝，苏少博需要面对是否继续在创业道路上走下去的问题：创业启动资金差不多耗尽了，产品还没有实现批量销售，看不见前途的第一批员工纷纷提出离职。

他回忆道："我面临巨大的困境，市场没有打开，队伍发生动荡，技术总监和销售总监都要离职，我几乎夜不能寐，这是对我创业信心最大的考验，我知道公司所有人都可以说我尽力了，我请求支援，只有我是绝对不能退缩的，无处可逃，必须撑住。"

通过做销售代理，让企业先活下来

苏少博明白自己选择了创业这样一种生活方式，就不能轻言放弃，他决定另辟蹊径。2017 年，通过一段时间痛苦的自我反思，苏少博认为眼下必须让企业先活下来，那么最好的办法就是做代理。

苏少博的目光锁定在英国朗道，它是全球最大的第三方质控品生产商之一，为超过 4 万家实验室提供质控品解决方案，其质控产品线含有超过 390 个常规及新型的分析物，有液体和冻干粉可供选择，为全球各地的实验室提供了更大的选择灵活性。苏少博想尽一切办法于 2017 年初签下了英国朗道的代理权，销售给国内 IVD 公司朗道的质控品。同年

10 月，瑞亚力荣获朗道全球最佳新秀奖。

"2017 年公司销售额超过 1000 万元，除了代理销售，还带动自研产品 200 万元的销售额，企业总算渡过了最艰难的时期，我们也开始有了财力保障进行新产品研发。"利用代理进口品牌带动自有产品的研发和销售，成为苏少博为企业发展摸索出的一条捷径，他接着拿下了美国伯乐、德国 BIOMEX、美国 scantibodies、日本龟甲万等品牌的战略合作书 / 代理权，2020 年企业的销售额突破 5000 万元，出口国外 2500 万元，其中自主研发的产品占半壁江山。

令苏少博欣慰的是，2020 年 11 月，山西瑞亚力科技有限公司实现对韩国出口单次 500 万元的体外诊断用免疫球蛋白，这是山西省首次实现体外诊断类生物产品商业化出口，也是瑞亚力科技公司多年坚持研发创新的一项标志性成果。

组建联合实验室，激活"外脑"创佳绩

2017 年 12 月 4 日，深圳先进院与山西瑞亚力科技有限公司、阳城县人民政府共同宣布成立"中国科学院深圳先进技术研究院山西瑞亚力阳城科技产业园生物技术联合实验室"（以下简称"联合实验室"），主要围绕体外诊断试剂核心原料及其他项目的前沿技术研究、新产品开发、技术平台建立及人才培养等多层面进行广泛合作。三方共同促进科技成果转化和产业化，提高企业技术创新能力和市场竞争力，服务社会经济发展，助力健康中国建设。

作为从先进院走出来的员工，苏少博对联合实验室有着清醒的认识。从大局来看，瑞亚力科技公司要充分利用联合实验室平台的作用和优势，在生化、免疫、血清抗体、质控等体外诊断领域力争尽快研发生

图3-2   瑞亚力集团综保区大楼

产销售具有自主知识产权和核心技术的产品。从具体操作层面，苏少博知道深圳先进院的老师们擅长做理论突破，但不能要求他们提供完整的解决方案。因此，企业要把研发的需求点讲得很清楚，请深圳先进院团队针对需求点进行技术突破，企业研发团队再做工艺上的持续优化，那么联合实验室就能做得颇有成效。

2019年，苏少博了解到华大基因有一个进口替代的技术需求：液滴生成油技术，此前被美国公司垄断，如果不能自主研发突破液滴生成油技术，就会一直被"卡脖子"。苏少博带着需求找到深圳先进院医工所的同事，经过近两年的研发，终于成功研究出微液滴生成油。瑞亚力既可以根据客户对检测项目的需求提供芯片定制服务，还能研制成微液滴生成仪，填补了国内空白，深受用户青睐。

实践证明，苏少博组建联合实验室激活"外脑"的方法很有效，如今，联合实验室担纲研发的"诊断用酶"项目，也已经走出实验室，形成了批量销售。

总部迁来鹏城，企业发展加速

2020 年初，苏少博将瑞亚力集团总部迁到深圳："我们来深圳发展，主要是考虑深圳的生物领域高端人才密集，选择坪山落地，是因为坪山生物产业发达，上下游配合更便捷。"

瑞亚力集团总部位于深圳坪山综合保税区，受到当地的科技主管部门的高度重视，苏少博感受到深圳市政府部门的服务效率和务实作风。"以体外诊断研发用的人源样本进口为例，以前需要 9 个月到 1 年时间，如今综合保税区封关验收后，可以缩短到 1 个月之内，为企业争分夺秒研发新技术提供了极大便利。"

在深圳市科创委和坪山区政府的支持下，瑞亚力目前正在建设深圳坪山综保区生物原料国际研发转化中心，业务包含 3 个方面：一是生物特殊品口岸迁移集中查验中心；二是 300 万人份生物样本库；三是风险品原料生产研发转化 CRO 服务中心。

苏少博觉得自己肩头的压力和使命十分重大，因为 IVD 市场与电子信息产业一样，要避免被外国人"卡脖子"，就必须自己改变大部

图3-3　2018年，瑞亚力集团获批IVD核心原料山西省重点实验室

图3-4　2021年，深圳瑞亚力集团获得第十三届深创赛坪山预选赛区二等奖

分原料依靠进口的局面。深圳坪山综保区生物原料国际研发转化中心是深圳发改委重点支持的十大产业平台之一，也是深圳坪山区三大平台之一，其目标就是打造中国头部的生物原料特殊品进出口研发转化中心。该转化中心建成后，一方面可以帮助竞争力日益增长的国产企业完善进出口供应链，攻占海外市场；另一方面，促进生物医药特殊品原料进口渠道规范化，降低渠道成本，减少企业负担。

2021年8月，瑞亚力集团以"深圳坪山综保区生物原料国际研发转化中心"项目参加第十三届中国深圳创新创业大赛坪山区预选赛暨2021年坪山区创新创业大赛体外诊断专业赛，荣获二等奖。

产学研显神威，助力行业巨头

瑞亚力集团总部迁到深圳之后，补充了很多优秀的人才进入企业，包括跨国公司的高管、销售精英、技术大牛等。同时，瑞亚力集团有机会接触到很多生物医药行业巨头的需求。通过产学研合作相继解决了这些技术难点，企业获得了快速发展。

比如，迈瑞IVD产品全球排名前列，但IVD的研发生产需要使用红细胞，红细胞保存时间非常短，如果不添加细胞保护液，红细胞28

天就死亡了。迈瑞急需开发一款细胞保护液来延长红细胞的保存时间。瑞亚力集团带着这个需求找到山西省血液中心合作研发，拿到了山西省科技厅重点研发计划支持，2020年底终于研发出了细胞保护液，满足了迈瑞IVD生产研发需求。从这以后，迈瑞采购瑞亚力集团研制生产的细胞保护液及相关产品达数百万元。迈瑞还委托瑞亚力集团定制开发多克隆抗体。瑞亚力集团在山西建立的波尔山羊种群养殖和实验基地，通过与深圳先进院科研团队合作，可以为企业提供优质的多克隆抗体。如今，瑞亚力集团与迈瑞的合作越来越紧密和深入。

又如，西门子健康美国总部原来生产的牛免疫球蛋白需要从新西兰和澳大利亚采购，瑞亚力集团了解到西门子对牛免疫球蛋白的需求后，在山西养殖基地专门饲养了500头牛，还聘请专业兽医每天巡视，做好防疫保障工作，已获得动物防疫卫生许可证，全方位保证牛的营养和健康，每次采血前工作人员会给牛群监测指标，确保能够提供最好的血

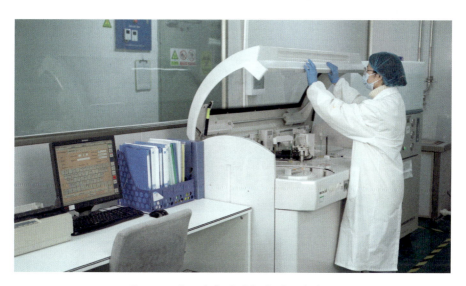

图3-5　瑞亚力集团质控基质研发中心

浆，并有专业的质量检测团队对牛血清成品进行全面地检测。

2021年12月，西门子健康美国总部给了瑞亚力集团5年的牛免疫球蛋白采购订单，这是瑞亚力集团首次给西门子健康提供核心原料，双方的联合实验室已经于2023年春天开始启动运作。

苏少博介绍，瑞亚力集团于2021年完成A轮5000万元的融资，由时代伯乐领投，企业发展由此进一步提速，2022年瑞亚力集团全年销售收入首次突破1亿元，其中出口销售额约占四成。面向无限可能的

图3-6　2022年10月，瑞亚力集团——IVD核心原料服务商，携生物特殊品进出口研发转化平台、体外诊断专用牛血清&牛血清白蛋白（BSA）整体解决方案、动物免疫定制方案等新品亮相第十九届中国国际检验医学暨输血仪器试剂博览会（CACLP）暨第二届中国国际IVD上游原材料制造暨流通供应链博览会（CISCE）

未来，瑞亚力集团致力于做我国自主知识产权的 IVD 行业核心原料服务商，立足于产学研深度合作，使研究和生物技术生产更简单、更快捷、更安全，助推人类健康事业的发展。

【高质量发展指南针】
做好产学研要过"三道坎"

创新是一个涉及多主体、多要素的庞大而复杂的系统工程，企业、高等院校、科研院所等主体在创新体系中扮演不同角色，产学研合作是推进协同创新和实现创新驱动的核心问题。瑞亚力集团董事长苏少博在产学研道路上探索多年，对产学研的难点和痛点有非常清晰的认识。

苏少博认为，如果单靠一家企业去做高质量的创新，不论人才储备，还是技术沉淀，都无法承担更多高难度的研发任务，而与科研机构和高校展开研发合作，则可以借助这些机构的人才优势，做好关键技术的联合攻关。

苏少博总结道，做好产学研工作要过"三道坎"："一是对产业的技术痛点有准确把握，就是在与企业沟通过程中，要发现真实需求，不仅有市场前景，而且有实现的可能性。二是找到高校或者科研院所里的专业对口科研人员合作，作为技术提供方的科研人员除了有专业技能外，还要有产业思维，能理解产业的技术需求并且做出符合市场需求的产品。三是为了促成企业和科研人员的合作，中间方要对商务条件提供保障。比如，在研发前期，企业对科研人员的信任度尚未建立，不愿意预付研发费用，如果是瑞亚力集团看好的科研团队，瑞亚力集团会垫付前期开发费用，让科研院所的研究团队把样品研制出来，尤其是发挥研究团队擅长做理论突破的专长，不要求他们提供完整的解决方案，瑞亚力集团可以进一步完善产品，最终将成熟的产品交付给企业，就能顺利拿到科研费用。"

"上述三个要点中关于商务合作条件，其实是非常重要的一点，如果缺乏这个环节，产学研合作常常会遭遇'肠梗阻'。"苏少博强调。在实践中，他摸索出一套激励模式——如果合作企业前期愿意提前支付一定比例的研发经费，那么，科研成果就可以给该企业实现定向销售，如果企业前期不愿意垫付任何研发费用，那么作为垫付研发费用的瑞亚力集团，则有权广泛销售这个新产品，对瑞亚力集团来说可以激发推动成果转化的积极性。

瑞亚力集团通过与深圳先进院合作建立联合实验室，探索建立起"需求方出题、科技界答题"新机制，通过产学研合作突破关键技术难点。瑞亚力集团开展产学研合作的实践，有效提升了科技成果转化效率，推动了科技资源与产业资源的有效结合，这一经验值得广大企业借鉴。

【案例赏析 二】

中科先见：掘金"芯片＋医疗"新赛道

企业档案： 深圳市中科先见医疗科技有限公司成立于 2018 年，倡导并践行"芯片级医疗"的理念，致力于成为跨界芯片革新医疗的平台型领军企业。该团队曾于 2016 年荣获国内最高规格创赛——中国创新创业大赛的生物医药行业团队组全国总冠军，2020 年荣获中国医疗器械创新创业大赛 IVD 初创组全国亚军，2020 年获批"国家高新技术企业"，2021 年荣获中国创新创业大赛主动健康专业赛决赛优秀企业奖。公司拥有芯片及医疗器械领域专利逾 60 项，产品销售逾 40 个国家及地区。

2022 年 10 月 27 日，深圳市中科先见医疗科技有限公司（以下简称"中科先见"）在第十九届中国国际检验医学暨输血仪器试剂博览会（CACLP）展会上发布了国内首款完整生物信息挖掘产品系统。该产品由面向高灵敏蛋白质、核酸、细胞检测的数字化单分子检测系统芯弃疾®JX-G 系列和面向分子核酸的全集成一体化数字 PCR 系统芯弃疾®JX-P 系列组成，展示了中科先见及合作伙伴中国科

图3-7　中科先见CEO吴天准

学院深圳先进技术研究院（以下简称"先进院"）近 10 年的原始创新及工程化研发成果。

中科先见 CEO 吴天准博士介绍，企业定位为精准医疗底层数字化的上游开放平台，提供"医疗设备＋芯片"的核心解决方案，开放试剂研发给下游客户，主要客户包括 IVD 企业、生物医药企业、学术研究机构等。企业聚焦上游，医工转化，广泛赋能和连接产业资源，加速单分子核酸／蛋白／单细胞的临床转化，致力于成为跨界芯片革新医疗的平台型领军企业。

从零开始做人造视网膜项目

2013 年 4 月，吴天准刚到先进院报到，即负责申报人造视网膜的广东省和深圳市的人才团队项目，并在获批后，担任常务负责人来主导团队研发。他曾在东京大学机械系攻读博士学位，一直以来的研究方向是微机电系统（MEMS）及微流控器件，并未涉及太多医疗器械，更未涉足过人造视网膜这类神经假体领域。研究方向相差甚远，如何做好尖端项目的团队负责人？吴天准接到任务后面临着学术生涯的艰难抉择，他知道必须把主要精力放在一个陌生的、挑战巨大的领域，内心压力巨大。

"虽然当时有很大压力，但我仍鼓起勇气承担该项任务，也算是初生牛犊不怕虎，全力投入申报、答辩、合同、执行等全流程的工作，创立并运营一个交叉学科研究单元，最终在院所各级领导支持和团队成员齐心协力下，项目顺利通过深圳市和广东省科技主管部门验收结题。"吴天准介绍，人造视网膜技术是迄今最复杂、最精密的有源植入医疗系统之一，也属于前沿的脑机接口技术，涉及学科很多，体内植入部分包括高性能神经刺激电极、数模混合片上系统（SoC）、植入式封装连接、人体无线充电和双向数据传输等，体外佩戴部分包括视频处理单元、AI算法、可穿戴医疗硬件等，而先进院恰好是一个集成交叉的研发平台，当时人造视网膜团队有 30 多个人，涉及各个不同的学科方向，仅在微纳中心内部，就有包括神经科学、生物材料、集成电路、半导体器件等多个课题组，还需要常常向先进院内部其他研究中心取经，开展合作，充分体现 IT（信息技术）和 BT（生物技术）的融合。

为了推动产业化，决心卖房创业

吴天准回顾人造视网膜整个项目研发和产业化的过程，他认为最大的收获是学会了从零开始，迎难而上，面对探索未知新领域的重重压力，敢于冒险，善于学习。值得欣慰的是，通过多年跨界融合、艰苦奋斗并长期坚持，整合各方面资源，他逐渐闯出了"芯片 + 医疗"的新赛道。

吴天准介绍道："我们发现技术平台的价值比起挣某个细分领域的钱，更为重要也更为持久。比如，通过医疗芯片技术平台，不仅可以做人造视网膜，还可以做其他神经调控、先进的单分子体外诊断等等，于是在 2018 年我们开始创办公司，实现技术平台的产业化，先进院以 22 项专利作价入股，由团队主导成立了深圳市中科先见医疗科技有限公司，致力于'芯片 + 精准医疗'的核心技术产业化及生态构建。"

鲜有人知的是，在中科先见 2018 年起步之初，恰逢资本寒冬，为了人造视网膜这样高难度项目的产业化，吴天准毅然卖掉位于福田区的房子，加上多年积蓄及市级人才计划的全部人才津贴，跟团队成员一起认缴 700 万元，加上获得产业资本的种子轮投资 1000 万元，带领团队往产业化方向迈出关键一步。

抓住机会快速实现技术变现

一旦踏上产业化征程，就意味着要接受市场的洗礼。企业掌舵人一次重大决策既可能让企业赚得盆满钵满，也可能血本无归。这是对科学家出身的创始人的严峻挑战，吴天准对此有深切的体会。

2020年春天，针对医护人员需要护目镜的需求，中科先见利用过去多年研制智能眼镜的技术积累，迅速开发出具有超强防雾功能的护目镜，并获得SGS等权威机构认证，因优秀的品质和性价比，不久便获得英国卫生部（NHS）的100万套护目镜订单。这是中科先见从市场上淘得的"第一桶金"，也是人造视网膜项目技术平台的第一个跨界收获。

2020年下半年，吴天准决定立足"芯片＋医疗"的平台，利用中科院转入的多个IVD专利，迅速布局体外诊断的中短期项目，特别是迅速组建试剂团队，经过不懈努力，精益求精，开发的抗原快速检测试剂盒先后通过ISO13485、欧盟CE、EU HSC common list（面向欧盟27个成员国）、德国BfArM+PEI的注册认证和奥地利、捷克、马来西亚、泰国、文莱、中国澳门等全球多个国家和地区的准入资质，充分证明

图3-9　抗原检测试剂盒生产现场（一）

图3-10　抗原检测试剂盒生产现场（二）

了该产品优异的性能和良好的用户体验。根据德国 PEI 研究所发布榜单，在其检测了全球 200 多个厂家报送的抗原检测试剂盒后，对检测准确性和灵敏性进行排名，中科先见的抗原产品在所有产品里排行第四。

"很多国外的厂商根据榜单信息来找我们采购，检测试剂盒出货量迄今超过 1000 万人份，这让中科先见抓住机会，挣到了第二拨钱。"吴天准说，"而且仅仅用了 1 年半的时间，就从零基础开始，迅速成长为具有一定制造规模的医疗器械企业，走完传统 IVD 企业多年的发展路程，这得益于综合性技术平台的厚积薄发，以及团队勇于面对市场挑战，善于抓住机会并强力执行的能力。"

吴天准带领中科先见经受了市场的考验，打了两场胜仗，积累了一定的经验，但他并没有被取得的成绩冲昏头脑，反而未雨绸缪，不忘初心，对企业未来发展做更长远的布局和规划。

进军医疗芯片领域大展身手

2021 年 3 月，中科先见分拆其半导体部门，引进半导体行业优秀人才，成立了子公司深圳市勃望初芯半导体科技有限公司。该子公司作为 To B 的医疗芯片上游，独立运营发展，致力于医疗级"IC+MEMS"的创新技术研发和服务，是国内极少数将医疗、IC、MEMS 和特种封装集成实现跨界结合的创新型硬科技企业，可提供生物医疗领域 IC+MEMS 集成的芯片模组的设计、流片及封测等完整解决方案。

同年 11 月 25 日，成立仅 6 个月的深圳市勃望初芯半导体科技有限公司从全球 5 个国家和地区的 1566 个参赛项目中脱颖而出，荣获南山区"创业之星"大赛的生物医药行业成长企业组一等奖、总决赛一等奖两个奖项，成为当晚最夺目的"双料冠军"。

图3-11　勃望初芯公司荣获2016年中国创新创业大赛的生物医药行业团队组全国总冠军

吴天准介绍，勃望初芯公司拥有一流的 IC 和 MEMS 设计/加工能力。在 IC 方面，拥有高精度、高速、低功耗、高可靠等信号链 SoC，电源管理和数据接口等完整方案设计和量产经验；依托与中科院的联合实验室，可在 6

寸 MEMS 产线上，实现微流控、柔性电子、硅基刻蚀等各种微型传感器的加工制作工艺和后续表征、测试、封装集成。

"目前，委托勃望初芯公司的医疗芯片相关的订单已经有不少，包括几个上市公司的重要订单，我们的医疗芯片技术既可以用于超声影像芯片，又可以做基因测序芯片，看起来完全不同的应用方向，但底层技术和核心 IP 是相通和可复用的。随着知识产权积累还可以扩展更多细分领域，我们坚定地认为，跨界创新的医疗级芯片可以集成仪器的一些内核功能，让未来的高端医疗器械更加微型化、便携化，并且在 IVD 芯片领域，可以便宜得像一次性耗材，可以用完抛弃。"吴天准充满信心地说。

而吴天准所说的一席话是基于对当前医疗检测产业的超前判断，目前生物信息挖掘和医疗检测的需求 80% 集中在细胞、蛋白、核酸分子层面，医院相关科室如果想要具备上述检测能力，需要购买进口流式细胞仪、电化学发光、数字 PCR/测序仪以及相关的检测试剂盒，同时需要对操作人员进行培训。这种情形下科室需要花费上千万元的成本。

2022年10月，中科先见发布国内首款完整生物信息挖掘产品系统，发布的芯弃疾®系列产品是可以在细胞、蛋白、核酸层面通用化、高灵敏检测的产品，并能满足低丰度、珍稀样本、10μL级别样本的测试场景，节省用户综合成本约80%。而且，参与测试的样本体积从过去的动辄几百μL变成现在的几十μL，在微观尺度上分子间的运动特性发生变化，使得以往需要近20分钟的免疫测试，现在测试时间缩短一半，极大提升了检测的精准性与效率。①

从操作层面看，芯弃疾®系列产品采用一键操作模式实现"样本进结果出"的即时检测。对于用户而言，芯弃疾®系列产品比采用传统模式的产品节省80%左右的后期操作和维护成本，既降低操作难度，也节约综合成本，降本增效提质效果明显。芯弃疾®系列产品将其半导体技术与生物医疗检测技术深度融合，采用同一系统架构，分别面向分子和免疫两大市场的高灵敏检测应用，部分性能指标已达到国际先进水平，获得头部医疗机构和第三方检测机构的青睐。

图3-12　中科先见获得国家高新技术企业证书

---

① 李汶芸. 生物芯片赋能单分子核酸/免疫检测——中科先见跨界产品行业首发[N/OL]. 动脉网. [2022-10-28]. https://mp.weixin.qq.com/s/sGWPa2gdvXsixZvfZbdpuw.

瞄准个人化和基层应用场景超前布局

目前，芯弃疾®系列产品已经获得三类高端医疗器械型式检验，并计划将自主研发的示范性试剂盒和系统方案开放给下游上千家 IVD 厂家，大力推动先进医疗芯片及配套系统在市场上的快速渗透和普及。

吴天准描述着对未来的规划蓝图："在国家鼓励医疗器械创新的大背景以及精准医疗和个性化用药等利好消息与政策的推动下，芯弃疾®系列产品的市场将持续扩容，借助通用、创新、精确、快速和低成本的优势，助力整个万亿级精准医疗市场发展。"

他透露，芯弃疾®系列产品面对的市场不再是单一的"存量"或者"增量"市场，而是在"存量"提升的基础上，进一步挖掘"增量"空间，将在医疗检验各个细分领域乃至类似医疗检验的 CGT 等细分领域进行更深入的市场开发和产品创新。同时，借助国家"十四五"规划中明确的"医工协同"模式，以及 NMPA 和国家医保总局的一系列利好政策，相信原始创新、十年磨一剑的芯弃疾®系列产品的未来将会不可限量。

在接下来的商业化过程中，中科先见将基于当前芯弃疾®JX-P/JX-E 系列产品（分别针对全自动数字 PCR 和数字 ELISA），努力完善基层化商业产品芯弃疾®JX-C 的芯片化与自动化，以补足中心化 PCR 实验室难以覆盖的基层碎片化检测需求，实现重疾早筛及精准诊断产品的"高灵敏 + 低成本 + 简易性"布局。在吴天准看来，"芯片 + 医疗"的赛道足够长，而且刚刚兴起，中国企业在这一新的领域有望打败欧美巨头，实现"弯道超车"。

【高质量发展指南针】
产学研合作是平台型企业的必由之路

中科先见公司是由深圳先进院持股的高科技企业，依托海外引进的一流人才组建广东省创新团队进行技术成果孵化，前期科研工作获得省市政府及中科院的巨额资助。

作为国家科研机构，深圳先进院发展新质生产力的出发点和立足点是对前沿领域的探索布局。吴天准深有感触："先进院是真正的交叉学科融合的沃土，如果在这个平台上做出了好的技术成果，要勇于转化，善于整合。来自科研院所及高校的成果产业化，既需要一往无前、不怕失败的勇气，又需要对产业和市场的洞察。我们的目标是构建'芯片 + 医疗'的新型医疗器械产业上游，用一整套的半导体芯片技术，跨界融合，让高端医疗器械更加平易近人，更小巧、更智能、更便宜、更好用，做人人用得起的精准医疗。"

吴天准认为，产学研合作、跨界融合，是打造平台型领军企业的必由之路，如果只是把几项技术成果产业化，是相对简单的，比如只是做一家 IVD 企业或者单纯研制生产 POCT 产品，但做单一的产品很快就会遇到发展的天花板。由于技术同质化面临激烈的价格战，因此中科先见决定走一条艰难而正确的道路，那就是为下游企业提供工具、服务以及技术支持，要拥有繁荣的下游产业，那么上游平台公司就需要更开放、更有料，产学研合作则为中科先见提供了丰富的创新资源和更开放的格局。

2022 年 3 月，吴天准作为负责人牵头的西丽湖 IBT 中试平台的分子智能诊断平台获得南山区资助，由中科先见主导数字 PCR 及数字 ELISA 技术的产业化落地，将诸多 IVD 原创技术的创新链结合产业链，架设实验室技术及产品上市之间的转化桥梁。10 月，先进院与中科先见的分子诊断联合实验室正式成立。该联合实验室围绕高灵敏核酸 / 蛋白检测的微流控、方法学和检测系统等关键技术开展为期 3 年的研发。这是中科先见在产学研道路上迈出的坚定步伐，未来这样的联合实验室会越来越多。相信通过更广泛的产学研合作，中科先见能为高端医疗器械行业提供多样化的医疗半导体芯片解决方案，填补国内医疗芯片的空白。

除了与中科院的深厚合作基础，中科先见也正在与高校及企业针对神经标志物展开科研合作，与三甲医院对心血管标志物展开科研合作，与肿瘤医院合作推进试剂盒临床注册。这些产学研合作都为中科先见未来的技术研发提供宝贵的临床数据和试验结果。

此外，吴天准对科研人员创业的局限性也有清醒的认知："我们的专长是做科研，如果每个产品都去花费很长的时间和很多精力做三类医疗器械认证和市场推广，这显然是对科研人员自身的短板进行考验。而如果我们做自己擅长的事情，专注于做好芯片及配套仪器技术研发、打通医疗数据的标准，帮助下游企业拿证、提供技术支撑，那么中科先见就可以成为开放创新的上游平台企业，对整个行业的发展都是有利的，有利于形成新质生产力。"

第四章

科技金融为企业高质量
发展提供"血液"

国家"十四五"规划和 2035 年远景目标纲要提出，要坚持创新在我国现代化建设全局中的核心地位，把科技自立自强作为国家发展的战略支撑。高科技企业是科技创新的重要载体和前沿阵地，而科技金融[①]作为支持企业高质量发展的重要手段，能够为创新型企业增强竞争实力提供宝贵的资金血液。

由于科技金融是一项复杂的系统性工程，涉及政府、市场、中介机构等各方的参与，良好的科技金融生态是"创新链、产业链、资金链、服务链"的深度融合。基于产业链部署创新链，围绕创新链完善资金链，不断优化服务链。为了建设完善的科技金融生态体系，深圳市立足科技与金融的优势，从科技金融政策的支持、科技金融机构和科技金融市场以及配套服务等多方面进行积极的探索和实践，成为全国首批科技与金融结合试点地区，其科技金融生态体系建设走在全国前列，为企业的高质量发展、形成新质生产力提供强大助力。

[①] 2011年7月，科技部发布了《国家"十二五"科学和技术发展规划》，将科技金融定义为："通过创新财政科技财政投入方式，引导和促进银行业、证券业、保险业金融机构及创业投资等各类资本，创新金融产品，改进服务模式，搭建服务平台，实现科技创新链条与金融资本链条的有机结合，为初创期到成熟期各发展阶段的科技企业提供融资支持和金融服务一系列政策和制度系统安排。"

一、科技金融为实体经济赋能

深圳市德沃先进自动化有限公司（以下简称"德沃先进"）的主业是尖端半导体封测设备研制生产，2022年3月，德沃先进成功入选深圳市科技创新委员会"揭榜挂帅"技术攻关重点项目，在激烈竞争中胜出，独家获批千万级研发资金资助。同年底，这家企业宣布完成数亿元A轮融资，获得了包括海汇投资、杉杉创投、铭盛资本、启赋资本、粤开资本、聚变投资等多家知名投资机构联合投资。国产引线键合机龙头打破外国企业垄断多年的半导体封测设备市场，对于我国半导体封装产业的自主化具有重要意义，这正是深圳科技金融为实体经济赋能的一个典型案例。

在半导体芯片封装各环节中，引线键合机被誉为封装设备的"皇冠"。引线键合工艺是芯片实现电气互联和信息互通的基础，也是封装环节最为关键的步骤。德沃先进成立于2012年，凭借过硬的研发实力和在半导体封测领域多年技术积累，瞄准"微电子世界

的架桥人"这一目标，推出多款设备应用于半导体 IC 和 LED 引线键合
工艺制程，市场涉及分立器件、传感器件、光电器件等封装领域。凭借
10 年的积累和沉淀，德沃先进以高分喜获深圳市科技创新委员会"揭榜
挂帅"技术攻关重点项目的资助，肩负起突破我国半导体核心装备"卡
脖子"的重任。

政府的项目资助相比于企业的巨大研发投入仍是杯水车薪，因此企
业需要投资机构给企业注入资金活水，让企业如虎添翼。作为国产引线
键合机的龙头企业，德沃先进以卓越的技术实力和团队优势，很快就获
得了众多投资机构的垂青。A 轮融资高达数亿元，募集资金主要用于公
司产品研发、产线升级及市场推广。作为本轮投资方之一的海汇投资深
圳区域负责人廖毅表示："引线键合机因其具备极高的壁垒，竞争格局
较为清晰，是典型的'硬科技'。德沃先进作为国产设备中率先在 IC 半
导体领域实现批量交付，实属难得，非一朝一夕之功。相信本轮资本助
力，德沃先进一定会扩大其技术和市场领先优势，对于我国半导体封装
产业的自主化具有重要意义。"

如今，德沃先进拥有 40 多项核心自主知识产权专利，荣获国家高
新技术企业资质和"深圳市专精特新企业"称号。德沃先进在半导体 IC
引线键合设备领域保持着国产设备出货量第一的行业地位，推动国产半
导体设备高端化，尤其是德沃先进最新研发的高精度全自动引线键合机
F20 系列，在高速高精度运动控制技术、独立视觉算法、精密机械、精
密电子、实时软件系统、多种复杂引线键合工艺等各项核心技术上远超
国内同行，成为国产品牌中的佼佼者。

深圳专精特新企业、上市企业大部分都获得了投资机构和金融机构
的助力，像德沃先进这样获得资本助力，进入发展快车道的企业举不胜

举。科技企业携手金融资本，写就一个个创新创业的传奇。

以深创投为例，就可以清楚地看到优秀的创投机构为科技创新事业赋能的显著成效。深创投创业投资发展研究中心总经理乔旭东博士在接受媒体采访时提到，深创投是深圳市政府 1999 年发起并引导民营资本出资设立的专业从事创业投资的有限责任公司，2002 年成为集团公司。公司成立以来始终致力于培育民族产业、塑造民族品牌、促进经济转型升级和新兴产业发展，目前已成为国内实力最强、影响最广的本土创投公司。深创投主要投资自主创新高新技术企业、新兴产业企业及转型升级企业，投资阶段主要为初创期和成长期。据深圳市国资委 2022 年 12 月 23 日消息，截至当日深创投累计投资并助推上市的企业达到 238 家，2022 年上市的已投企业达到 33 家，超越 2010 年 26 家已投企业上市成绩，创造了自身发展史上的新纪录。深圳市国资委指出，以"发现并成就伟大企业"为使命，深创投致力于做创新价值的发掘者和培育者，已发展成为以创业投资为核心的综合性投资集团，管理各类资金总规模 4309 亿元。

2023 年 4 月 27 日，首届光明科学城论坛在深圳光明云谷开幕，论坛由深圳市人民政府主办，深圳市发展和改革委员会、深圳市科技创新委员会、光明区人民政府共同承办。论坛以"光明·筑梦未来"为永久主题，深圳市光明致远科技基金会在开幕式上正式揭牌，松禾资本为基金会原始资金捐赠方。光明致远科技基金会发起人共有 4 位，分别为中国科学院院士、国家脑计划发起人蒲慕明，中国工程院院士、深圳大学医学部主任姜保国，中国慈善联合会副会长陈越光和深圳医学科学院创始院长、深圳湾实验室主任颜宁院士。基金会将致力于积极拓展社会资源，支持生物医药领域的科技创新、医学科学人才培育，服务于我国生物医药行业快速发展，为人民健康事业贡献力量。颜宁院士表示："之所以成立光明致远科技基金会，是希望能够通过集合社会捐赠，给科学家们提供一个长期的、后顾无忧的科研经费支持模式，让科学家们大胆尝试。"松禾资本创始合伙人罗飞表示："作为科技创新的'助推器'，投资机构要支持中国的科技创新人才，支持前端科学创新和基础研究。松禾资本专注科技投资 27 年，一直在寻找能够改变中国的创新机会，创造更大的企业价值和社会价值。光明致远科技基金会秉持'以人为本'的理念，为科学家们的突破性研究提供了保障空间。双方的理念不谋而合，我们愿与基金会共同携手，厚植科技创新土壤，为科学家创造良好的科研环境。"

正是因为众多创投机构为科技创新事业源源不断地赋能，深圳发展成为全国创业密度最高的城市。深圳连续 4 年获评全国工商联"营商环境最佳口碑城市"称号。截至 2023 年底，全市登记的商事主体累计达到 422.6 万户，创业密度位居全国大中城市首位。

在当前"双区驱动"的时代背景下，深圳肩负建设成为全球标杆城市的使命，要将地区生产总值、地均产出、人均生产总值等指标提升至国际性城市水平，也就势必需要利用更多资源，深圳上市公司越多，引入的"外援"也越多，资金实力更为雄厚，发展后劲势必更强大。同时，充沛的资金注入科技创新事业中，形成兴旺繁荣的良性循环发展态势。

2023 年，深圳境内外上市公司总数达到 561 家，高新技术企业超过 2.4 万家，专精特新企业超过 8600 家，其中国家级"小巨人"742家。深圳已发展成为名副其实的"创业之都"，既有华为、腾讯、大疆等龙头企业在这里茁壮成长，又有中小企业层出不穷，生生不息。

二、深圳厚植科技金融沃土

深圳拥有肥沃的科技金融沃土，是深圳市委、市政府长期引导激励的结果。科技创新具有较强的不确定性，风险较大，需要政策引导和激励，降低金融资本投入科技创新的风险，为此，深圳市专门制定了支持科技金融发展的政策，通过引导基金、贷款贴息、风险补偿、绩效奖励、保费补贴等多种方式，鼓励和引导金融机构加大对科技创新事业的投入。

自20世纪90年代以来，深圳科技创新一直十分活跃，随着科技型中小微企业的不断涌现，深圳市意识到不能单纯依靠政府无偿的科技研发资金投入，而是要探索一条创新财政科技投入方式的道路，促进科技和金融紧密结合。

2007年10月，创业投资服务广场在深圳高新区宣告成立，这是对科技金融结合的先行探索，旨在进一步完善高新区创业服务体系，解决中小微科技企业融资难、融资贵问题。创业投资服务广场引进专业风险投资基金、券商投行部和非上市业务部，产权交易所、评估、会计、律师事务所及担保、信用、专利服务中介机构，形成"聚集效应"和"投融资服务链"，为处于不同成长阶段的中小微科技企业提供"多层次、立体化、全过程"融资服务。

2011年，深圳被列入全国首批16个开展促进科技和金融结合的试点地区以来，通过政策与服务体系双轮驱动，已初步构建出一个立体化、多元化的科技金融服务体系，形成了种子基金、天使投资、创业投资、担保资金和创投引导资金、产业基金等全链条金融体系，来覆盖创新型中小企业整个生命周期的成长。

值得关注的是，深圳充分发挥财政资金引导功能和杠杆效应，通过改革科技研发资金投入方式，撬动银行、证券、保险等资本市场多种资源聚焦到科技创新领域，包括银政企合作贴息，鼓励银行进行知识产权质押贷款创新，发展风险投资，补贴保费，实施科技创新券等创新举措。

2013年，《深圳市科技研发资金投入方式改革方案》正式出台，目的是撬动全社会的资源投入到科技创新中来。在金融方面，把银行、担保、保险、投资、企业、技术、服务组成联动机制，形成一个完整的科技金融体系。该方案明确提出"完善科技金融服务体系"，每年从深圳市科技研发资金中安排1000万元，用于科技金融服务体系建设和完善，包括创投服务、科技金融人才培训、信用体系服务、投贷联动服务、科技金融高端论坛等。支持和鼓励开展区域性交易市场融资、中小企业集合债、区域集优债等科技金融创新业务。

2017年5月27日，时任深圳市委书记王伟中提出要以科技金融的深度融合加速科技成果转化，把深圳建设成更高水平的科技金融深度融合先行区。8月24日，深圳市委六届七次全会召开，王伟中代表市委常委会作工作报告，提出开展"创新之都建设行动"，以创建国家可持续发展议程创新示范区为契机，着力提升创新能力，培育壮大创新型产业，完善科技金融服务体系，加速集聚创新人才，加快建设国际科技、产业创新中心。

2018年4月28日，深圳市委常委会召开会议学习中央有关精神，王伟中书记主持会议并提出要强化改革创新，建立"基础研究＋技术攻关＋成果产业化＋科技金融"的全过程科技创新生态链。从这以后，深圳在科技金融创新方面步子迈得更坚实。6月，"深圳市知识产权质押融资风险补偿基金"启动运行，首期规模3000万元，存续期5年，对应银行贷款3亿元，单笔质押贷款不超过500万元，风险补偿率达25%，其余风险由银行、担保机构承担。9月，深圳市政府印发《关于强化中小微企业金融服务的若干措施》（以下简称《若干措施》），一方面由市财政出资设立总规模为30亿元的中小微企业融资担保基金，对由深圳融资担保机构担保的中小微企业贷款融资和债券融资业务进行再担保，当发生代偿时，融资担保基金和担保公司分别按5∶5的比例分摊风险。此举通过为融资担保行业增信的方式，支持融资担保行业发展壮大，为解决中小微企业、创业创新企业融资问题牵线搭桥。另一方面，市财政出资设立初始规模为20亿元的中小微企业贷款风险补偿资金池，对合作银行为本市中小微企业发放3000万元（含）以下规模贷款形成的不良贷款（中小微贷款评定为"次级"）实行风险补偿。

2018年12月，深圳市政府制定的《关于以更大力度支持民营经济发展的若干措施》印发，以更大力度、更优政策、更好服务支持民营企业发展，提出降低企业生产经营成本超过1000亿元；新增银行信贷1000亿以上；新增发债1000亿以上；设立1000亿元的民营企业平稳发展基金。

发展科技金融，是立足金融服务实体经济本源、赋能科技型企业创新发展、助力科技成果高效转化、深化科技领域产融结合的重要举措。

实践证明，政策出台后实现新增民营企业发债1000亿元以上，增强投资者对担保债券的信心，降低民营企业债券发售难度和发行成本，推动新增民营企业发债1000亿元以上，帮助深圳更多民营企业通过发债融资。政府通过制定让利措施等，吸引社会资本参与，组建总规模

1000 亿元的民营企业平稳发展基金。基金以股权投资方式，重点用于解决深圳优质民营上市企业大股东股票质押风险、优质上市公司流动性紧缺问题，以及对发展前景较好的民营企业进行必要的救助或资金支持。

在金融服务体系建设方面，深圳相继挂牌成立了科技金融服务中心、科技金融联盟、科技金融促进会等多个机构及组织，旨在促进科技金融领域各创新要素的聚集，搭建科技企业和资本对接的舞台。

2022 年 6 月 16 日，深圳市科技创新委员会（以下简称"市科创委"）与中国工商银行深圳市分行（以下简称"工行深圳市分行"）在深圳高新区文体中心举办了"科技金融创新发展战略合作框架协议签约暨深圳高新区科技金融创新服务中心揭牌仪式"。深圳高新区科技金融创新服务中心旨在推动深圳地区"科技"与"金融"深度融合，探索科技金融创新发展新路径，实现金融资源对深圳高新技术企业和高新区的精准支持。市科创委与工行深圳市分行希望发挥各自在科技和金融领域的资源优势，结合区域科技创新和高质量发展需求，以"深圳高新区科技金融创新服务中心"建设为主要抓手，建立高效完善的高技术企业银企互动服务机制，形成可复制、可推广的科技金融创新产品和服务模式，搭建科技金融创新发展联盟生态，对高新技术企业、科技创新人才、重点创新载体和专业服务机构等创新要素形成强大的科技金融支撑，助力深圳高新区建设成为创新驱动发展示范区和高质量发展先行区。

深圳充分发挥市场在配置资源中的决定性作用，通过出台对科技金融的扶持引导政策、建立和完善科技金融服务体系，建立了无偿与有偿并行、事前与事后结合的财政科技投入机制，形成多元的有效组合投入方式，充分发挥财政资金引导、放大和激励作用，全面撬动银行、保险、证券、创投等资本市场各种要素资源投向科技创新，建立了包括银行信贷、证券市场、风险投资、担保资金、政府创投引导基金等覆盖创新链的多元化科技投融资体系，走出一条深圳特色的科技金融发展之路。

三、率先构建多层次资本市场

深圳大力发展多层次资本市场，形成了主板、中小企业板、创业板、科创板、新三板、技术产权交易等多层次资本市场体系，不断扩大企业直接融资渠道，满足不同发展阶段的资金需求。如今，深圳已经成为全国创业投资、股权投资最发达、最活跃的地区。

深圳建立了科技型企业上市后备资源库，扶持符合条件的企业在主板、中小板或创业板上市，鼓励已经上市的科技企业通过增发股份、兼并重组做大做强，加快发展场外交易市场，重点引导和支持民营科技型中小企业挂牌交易。

2018 年 11 月，国家宣布设立科创板和试点注册制，进一步完善了多层次资本市场体系，提升了资本市场服务实体经济的能力。2020 年创业板改革，一是扩大注册制试点，二是增强对创新创业企业的包容性，十分契合深圳经济产业特点和创新特质需要。

4 年的注册制试点，给资本市场带来了一些变化：其一，一些硬核企业以及一些符合国家战略需求和产业发展需要的非营利企业得以在注册制之下上市，这就把更多优质企业留在国内。其二，资本市场对科创企业的投资从过去的行政主导转变为市场主导，这对企业 IPO 定价发行和流动性带来了积极影响，这也给一级市场投资提供了非常重要的保障，尤其是更敢于投资一些偏早期的行业。其三，估值体系也发生了重大变化，二级市场对企业价格的修正也正向一级市场传导，企业上市即赚钱的逻辑被打破，投资机构要更关注项目本身的发展前景。

2023 年 2 月，全面注册制落地实施。创投从业者普遍认为注册制是资本市场发展的一个必然趋势，注册制时代的到来也标志着市场发展到了一个成熟阶段。东方富海董事长陈玮说："注册制对创投最大的好处，从流动性来看，即便一二级市场出现大量的估值倒挂，IPO 也没有暂停，意味着我们的资本市场有持续的流动性；此外，从退出来看，因为有了流动性的预期，退出的预期也大大增强。但是，注册制之后也有一个明显的变化，就是赚钱效应没有原来高了，但是让我们选择的话，肯定是首选流动性，其次才是考虑企业市盈率、市值的问题。从投资上来看，我们的投资策略也发生了一些变化，就是更多人愿意投早投小了，在流动性足够的情况下，投早投小也能够退出。"

多年以来，深圳已经涌现出深创投、东方富海、同创伟业、达晨财智、基石资本、融创投资等一批具有国内影响力、充分代表深圳本土品牌形象的风投创投企业。深圳创投企业历经 20 年发展取得了长足进步，自身团队建设、风险控制意识和能力不断提高，挖掘、投资、培育和服务新兴科技企业能力不断增强。他们大胆投资未来新兴科技企业，布局未来产业赛道，成为科技企业发展道路上不可或缺的同盟军。

2023 年 4 月，首期中国城市科创金融指数（Chinese Cities' Sci-Tech Finance Index，以下简称"CCSTFI"）在 2023 济南科创金融论坛上正式发布，从融资、投资、绩效和政策等四个维度设置 28 项评价指标，综合评价、深度分析国内 36 个金融中心城市当前金融服务支持科创事业的能力、成效和趋势变化，以期成为反映国内科创金融与科技创新发展的一个"晴雨表"和"风向标"。2023 年科创金融综合景气度十强城市依次是深圳、北京、杭州、苏州、上海、南京、广州、西安、武汉和济南。

科技金融发展除了金融机构直接作为，还需要政策扶持、科技赋能、金融稳定等土壤和环境。科创金融政策景气水平是对地方政府部门构建科创金融政策体系及政策环境的整体评估，可以反映一段时间内地方政府出台各类科创金融政策的力度大小、覆盖范围及可获得性，以及政策性金融供给的效率和创新创业环境营造等情况。2023 年科创金融政策景气度分项排名前十依次是深圳、南京、苏州、济南、杭州、青岛、北京、广州、昆明和武汉。[1]

有关金融专家认为，作为南部沿海区域金融中心，广州金融资源投放科技领域的比重和效率高，深圳在金融资源的丰富程度、金融工具创新等方面灵活多样，放在粤港澳大湾区的背景下，各自的优势是可以共通的资源，广深同为国内领先的科技金融生态城市，加上国际金融中心香港，三方金融资源统筹利用起来，未来必将能够爆发出更大的活力。[2]

---

[1] 中国（深圳）综合开发研究院. 2023中国城市科创金融指数发布，首个科创金改试点城市表现亮眼[EB/OL].（2023-04-15）[2023-12-21]. http://www.cdi.com.cn/Article/Detail?Id=19187.

[2] 张莹. 科技金融发展　深圳名列前茅[N/OL].深圳商报.2021-12-30[2023-12-20]. https://szsb.sznews.com/PC/layout/202112/30/node_A01.html.

四、深圳建设国际创投中心

深圳是国内最早探索创业投资和孵化本土创投行业的先行城市，经过 20 多年发展，与北京、上海位列中国三大创投重镇。深圳拥有千亿级的政府引导基金、百亿级的天使母基金，培育了深创投、同创伟业、松禾资本、基石资本等一批具有影响力的本土风投创投企业，形成了颇具示范价值的创投行业"深圳经验"。

深圳私募基金业协会 2024 年 8 月发布的《深圳私募股权创投基金行业 2023 年度发展情况报告》显示，截至 2023 年底，深圳共有私募股权创投基金管理人 1766 家，同比减少 14.7%，存续私募股权创投基金 7731 只，基金存续规模 1.52 万亿元，同比分别增长 3.5%、1.4%，分别占全国同期只数、存续规模的 14.1%、10.6%。

深圳既是科技创新高地，又是资金池。科技金融已成功覆盖科技创新全过程。以深圳湾科技七大产业园区为例，经过 10 年建设发展，七大产业园区里集聚了逾千家高新技术企业，50 家上市公司。园区以创投大厦为中心，引进数十家国内外知名创业投资机构。深圳湾创业广场引入 50 家孵化及专业服务机构。入驻园区的企业可以得到项目孵化、融资担保、创业投资、IPO、增发、配股、非公开发行、并购重组等一揽子科技金融服务。

为了让创投更好地赋能科技创新，深圳市委、市政府十分重视创投工作。早在 2012 年 11 月，深圳市人民政府印发了《关于促进科技和金融结合的若干措施》，第二条的内容就是发展创业投资和股权投资。一方面，促进创业投资企业发展。发挥市政府创业投资引导基金的引导和放大作用，支持各区政府（新区管委会）设立创业投资引导基金，引导创业投资机构投资初创期、成长期的战略性新兴产业领域企业。支持民间资本参与发起设立创业投资、股权投资和天使投资基金。另一方面，扶持股权投资基金发展。落实深圳市促进股权投资基金业发展的有关规定，对符合条件的股权投资基金企业实施优惠政策。鼓励符合条件的创业投资企业通过债券融资等方式增强投资能力。

2013 年 11 月，深圳市印发了《深圳市科技研发资金投入方式改革方案》，明确提出引导天使投资。通过实施天使投资引导项目资助，撬动社会创投资本。2018 年 3 月，深圳开创性地成立了国内规模最大的市场化运营天使母基金 —— 深圳市天使投资引导基金有限公司。深圳天使母基金是深圳市人民政府发起的战略性、政策性基金，是深圳市对标国际一流、补齐创新投资短板，助力种子期、初创期企业发展的重大政策举措。

2022 年深圳市政府工作报告提出，要主动融入全球创新网络，集聚全球创新资源，打造国际创投中心，创建国家科创金融改革创新试验区，出台支持风投创投发展政策，吸引更多全球创新资本。

围绕"打造国际创投中心"的目标，深圳市除了制定扶持引导政策、成立引导基金外，还启动国际风投创投街区、深圳创投日、深圳国际创投节等系列活动，进一步推动科技金融和实体经济紧密融合。

2022 年 6 月 6 日，深圳发布《深圳市关于建设香蜜湖国际风投创投街区的若干措施》（以下简称《香蜜湖若干措施》）。《香蜜湖若干措施》共分为七个章节，包括五大方面的 22 条具体措施，明确了打造国际风投创投街区的中心任务，希望借鉴美国硅谷沙丘路的有益经验，举全市之力，以香蜜湖新金融中心为核心，打造国际风投创投街区，助力深圳打造全球创新资本形成中心和国际科技创新中心。作为粤港澳大湾区首个创投街区，香蜜湖国际风投创投街区的发展目标明确为：到2025年，街区辐射范围内实现国内行业排名前100的私募创投机构不少于10家，QFLP试点机构不少于50家。《香蜜湖若干措施》对标国际一流，高标准、高规格、高起点将香蜜湖核心区域打造为深圳首个风投创投集聚区"样板"，目的在于吸引国内外优质创投资源集聚，推动更高水平的科技创新和资本要素流动，有望进一步提升深圳风投创投的引领力和辐射度。

香蜜湖国际风投创投街区是由福田区联合市金融局、深铁集团三方共建的深圳首栋创投专业楼宇。2023年初，达晨作为第一家创投机构入驻国际风投创投中心，为香蜜湖国际风投创投街区的建设与发展注入崭新活力。在五洲宾馆出席创业板首批28家公司上市仪式上，达晨一家独中三元。截至2023年2月，达晨投资上市企业占创业板上市公司总数的4.68%，累计推动19家深圳企业登陆资本市场。

根据深圳市委、市政府工作部署，2022年11月8日，深圳市地方金融监督管理局会同各相关部门启动"深圳创投日"系列活动。以每月8日为时间节点，"深圳创投日"走进全市重点区域举办不同产业、不同赛道的产投融对接活动，链接全球创新创投资源，助推科技创新与产业升级，致力打造深圳金融新名片。《深圳特区报》5月份的一篇题为《深圳创投日：让创投资金活水流向实体创新》的报道称，2022年11月以来，"深圳创投日"先后走进南山区、龙岗区、福田区、罗湖区、坪山区、光明区、龙华区，累计实现超816亿元的重大基金签约与估值近千亿元的优质创新项目路演，为263家优质企业搭建"线上＋线下"路演平台，吸引全球超2800家创投机构竞相参与。

2023 年 5 月 12 日，ISG 深圳国际创投节在深圳前海春泉文化艺术中心举行，这一天粤港澳大湾区创业投资联盟宣告正式成立。以深创投、达晨财智、东方富海、同创伟业、松禾资本、基石资本等为代表的深圳创投机构；广东粤科金融集团为代表的广州创投机构；Asia Alternatives、新程投资等为代表的中国香港创投机构以及澳门道元集团等四地创投机构共 100 多家单位共同发起设立粤港澳大湾区创业投资联盟。创投联盟的成立，将进一步加强粤港澳大湾区创投企业之间的交流与融合发展，推进粤港澳大湾区创投业国际化进程，助力粤港澳大湾区国际科技创新中心建设。

随着全面注册制的落地，上市渠道更畅通、预期更明确、审核注册更高效透明，中国资本市场的 IPO 数量将迎来新的爆发式增长，一方面对企业的高质量发展和盈利能力提出了更高的要求，另一方面，倒逼创投机构修炼内功，向"投早期、投种子型、投硬科技"策略倾斜，让创新、创业和创投更紧密地融合，共同推动深圳经济高质量发展。2024 年深圳市政府工作报告提出，提升金融服务实体经济能力，做好科技金融、绿色金融、普惠金融、养老金融、数字金融五篇大文章，金融业增加值增长 6.0% 以上，打造香蜜湖、深圳湾、前海湾等国际风投创投集聚区，新设立低空经济等产业基金。

新征程上的深圳，未来将继续保持"闯"的精神、"创"的劲头、"干"的作风，努力在科技金融高质量发展中当好排头兵，为中国式现代化的大局书写"深圳答卷"。

【案例赏析 一】

融创投资：时间是投资者眼光的"试金石"

　　企业档案：深圳市融创创业投资有限公司成立于 2008 年，经过 10 多年发展成为全国创业投资行业 50 强机构，累计投资 50 多家高科技企业，成功上市 10 余家企业，包括荣信股份、中兴通讯、茂硕电源、古瑞瓦特、三利谱、世纪恒通、金百泽、满坤电路、达安股份、国地科技等优秀公司，创造出优良的业绩。

图4-1　融创投资董事长赵俊峰

　　2023 年 10 月，国际权威财经媒体彭博社、《国际融资评论》等报道，黑石集团将以 15 亿美元收购古瑞瓦特 52% 股权。报道把位于全球新能源领域前沿的深圳古瑞瓦特新能源有限公司（以下简称"古瑞瓦特"）推进公众视野，标志着这家低调的新能源细分赛道的隐形世界冠军，开启了走向国际资本市场的征程。

　　作为古瑞瓦特的 A 轮投资机构融创投资，一直坚守了 10 余年不离不弃，最终在古瑞瓦特未来登陆海外资本市场时，有望获得百倍收益，写就投资界的新传奇，而且融创投资是早期投资股东中，唯一坚守下来的投资人，也验证了"时间是投资者眼光的'试金石'，'时间是最公平的裁判'"的法则。

　　近日，融创投资董事长赵俊峰面对媒体的采访，谦虚地表示："投到卓越的企业，首先是企业优秀，其次才是投资人有认知，运气好。"但是对于为什么 10 余年中鲜少有本土风投机构投资这家深圳的风云企业，即使投了也是在爆发前陆续退出，赵俊峰对这一现象解释道："投资在于投什么人和什么人投。缺一不可。"他说，"同样一个项目被不同的投资人来投，结果是不一样的。因为除了钱的物理作用，人和人之间气质、文化、认知、认同等方面的化学反应，是非常重要的。投资一家企业，就是投资人和企业之间产生了漫长而复杂的生物化学反应，可能酿出美酒，而把握不好分寸，有可能变成腐糟。"

　　融创投资投资了很多陪伴走过 10 多年的企业，风雨同舟，筚路蓝缕，绝大多数都守到了花好月圆时。毫无疑问的是，古瑞瓦特是其最有代表性的一篇佳作。赵俊峰将心得总结成一句话就是：相信美好，陪伴着有工匠精神的中国一代企业家跋涉，安静而笃定。

具有匠心的工程师团队遇见知己投资人

2011 年，古瑞瓦特创始人丁永强从老东家辞职，与同事在深圳宝安创业。2011 至 2012 年，正值中国光伏产业的震荡期，也是分水岭。在此之前，整个行业展示了其激进的一面，颇具野蛮生长的特性，一些企业在全球开山辟路，随之又跌入深谷。刚出道创业不久，丁永强就遇上了行业寒冬。

等风来，不如追风去。企业成立之初，创始团队经过前期的市场调研发现，国外的民用电价非常高，对光伏发电的需求量比较大。于是，古瑞瓦特避开国内激烈竞争，将视线投向海外市场，主营业务聚焦以家庭屋顶、工商业屋顶为主要应用场景的分布式市场，聚焦小功率光伏逆变器。

2011 年底，古瑞瓦特前身公司从温州搬到深圳，在固戍租用了一层厂房。在这家非常普通的工厂里，赵俊峰经朋友介绍，见到了古瑞瓦特创始人丁永强。"他是一名典型的技术男，跟他聊其他话题都说不出几句话，如果聊到新能源电力电子技术话题上，他可以滔滔不绝说上一两个小时。"赵俊峰介绍道。

当时行业里做同样市场方向、同样产品的公司多如牛毛，竞争非常激烈。赵俊峰最初判断，这是一支既有工程师基因，又有极高财商的创业团队，经营理念非常独到。比如：将工序巧妙分解，降低制造环节人数；放弃直销，重金着力打造经销商铁军；不设大采购部门，由产品研发部门协同协调供应链；提高逆变器额定功率的同时减轻设备重量，从而降低运输及安装成本；等等。

这些细节实际上是被很多投资界同行忽略了的，绝大多数投资机构都因为逆变器这一产品的技术门槛不高，放弃了参与和关注，而赵俊峰毫不犹豫地投资了古瑞瓦特。

创始人丁永强的个人特质也加深了赵俊峰的信任。丁永强从不在媒体上露面，也不出席颁奖仪式发布会，不爱时尚运动和文艺，公司配的豪车极少动用，自己时常骑着电动车在员工人流中一起上下班，一起吃食堂。他将大量的业余时间扑在研发工作上，基本上无应酬。"为了研制出最轻薄最低功耗的光伏逆变器，提高一个很细微的参数指标，丁总可以带领研发人员在实验室坚守通宵。这些都让我们感受到古瑞瓦特团队身上非常淳朴的工匠精神。"赵俊峰回忆道。

独特的投资理念让融创投资胜出

在古瑞瓦特之后的发展过程中，由于自身的经验不足，加之新能源行业的周期性和波动性，企业屡次遇到了巨大的挫折和险阻，甚至到了如履薄冰、生死存亡的境地。在之后的几年里，A轮的机构和个人投资者们陆续退出了古瑞瓦特。融创投资也曾面临险境，有过四五次可以获利退出的机会，屡次需要在退、留、加码的三岔路口，做出抉择。"警觉风险但又不能悲观，笃定果断但又不能偏执僵化，天堂地狱，实际上就在纤毫之间。所有的投资决定都不是完全错误的，只能是说适不适合自己。"赵俊峰由衷地感慨。

一晃就是11年的不离不弃，融创投资经历了古瑞瓦特四届董事会，担任了9年多的公司监事，为公司的规范和治理结构建设做了很多有益的工作。

难关真如铁，困难危急的时候太多了。大约在2013年下半年，处于困难中的古瑞瓦特被一家上市公司相中，拟全资收购。赵俊峰说：

"那时公告都发了，会计师的审计都做完了，这家上市公司的股价也涨了不少。但是，这个跨界收购的国企还是被光伏行业的惨烈竞争环境吓倒，最后没有履约收购。屋漏偏逢连夜雨，那家企业还不讲'武德'，借机挖走了古瑞瓦特的一批技术人员。这个时候，股东唯一应做的就是全力帮扶鼓励，与企业共进退，而不是大喊撤资退股。而福兮祸所伏，祸兮福所倚。谁又能想到后来的圆满结局呢？"

早期新能源行业是一个需要政策扶持的产业，融创投资的投后团队，积极提供政策和市场信息，解读政策，使企业用足用好国家的支持政策。比如申请高新企业认证工作、工业用地申请、引进财务专业人员等工作，使企业既享受了政策红利，又节约了时间精力，使政府的惠企政策真正落实到了像古瑞瓦特这样的优秀企业身上。

投资既需要理性，也需要胆魄

2015 年，按照投资合同的约定，古瑞瓦特的基金回购退出期又到期了。融创投资基金的股东都是个人投资人，其中有的已经移民海外，有的年岁已高，或多或少都有变现的需求。

恰好在 2014 年，古瑞瓦特开始布局储能逆变器和电池系统，方案是直接在原先光伏逆变器的基础上增加储能接口，还可扩展充电桩系统。后来又逐步建立起户用储能、离网储能、商用储能等全场景解决方案。这在当时还是非常超前的创新探索和战略布局。遇上古瑞瓦特资金链紧张，融创投资团队用严密的行业周期研究和市场预判，来说服投资人：行业的爆发期会很快来临，古瑞瓦特的产品是有国际竞争力的，技术研发是高度创新的，前景可期。并且，还向投资人传导这样一个理念：爆发的前夜，给予企业信心和支持，就是给投资加上了安全阀，加上了倍增器。

图4-2 融创投资成立二十周年核心团队成员合影

2023年，中国为全球市场提供了超过80%的光伏组件，创历史新高。从深圳宝安走向全球新能源领域前沿的古瑞瓦特，闯荡成为光伏逆变器细分领域"全球一哥"，成为全球新能源产业的佼佼者：连续多年，在有着"行业风向标"之称的欧洲权威调研机构 EuPD Research 颁发的"顶级光伏品牌"大奖中，古瑞瓦特成为奖项最多、覆盖区域最广的光伏逆变器品牌。该奖项是由欧洲及全球多个主要市场的光伏安装客户投票选出。这也意味着海外用户对中国品牌的认可。全球最大的企业增长咨询公司弗若斯特沙利文（Frost&Sullivan，以下简称"沙利文"）报告显示，2023年，古瑞瓦特已跃升成为全球第四大光伏逆变器提供商，户用光伏逆变器出货量排名均位列全球第一。

古瑞瓦特在储能业务上，打开了第二条登顶之路：在澳大利亚、意大利、德国、美国等优质的海外市场广受客户欢迎，用户侧储能系统位居全球第五，储能逆变器出货量排名位列全球第一。古瑞瓦特正通过延伸产业链，布局"光＋储＋充"赛道，打造独有的产业生态圈。"突出重围—成功出海—全球领先"，纵观古瑞瓦特的发展，演绎了一条从中国制造到全球品牌的进阶之路。令人瞩目的是，古瑞瓦特的市场份额持续增长，用户数不断增长。在产品链层面，供应产品货值呈现 5 倍到 10 倍的增长。

通过不断地投资优秀科技型企业，助推企业快速成长，融创投资致力于打造精品创业投资管理。"融创投资获得国家发改委产业引导基金、北京邮电大学 EMBA 产业联盟，深圳市、贵阳市、厦门市和乌镇等地政府产业引导基金出资参股。与中达安、达华智能、华侨城和康佳等多家上市企业成立了产业投资基金。"赵俊峰充满信心地说，"未来几年国内投资行业会向头部更集中，中小投资机构应更突出特色投资，走专业化路线，融创投资要成为新能源领域创投机构的佼佼者，帮助更多优秀的硬科技创业者实现创业梦想，借此以优秀的基金业绩回报给信任我们的投资人。"

【高质量发展指南针】
坚持长期主义 做创业者的同路人

仁中取利真君子，义内求财大丈夫，这种朴素的义利观，实际上是支撑融创投资团队在古瑞瓦特这个项目中坚持下来的重要精神武器。

创业本身充满了挑战和不确定性，在创业过程中会经历无数次艰难成长和喜极而泣的时刻，涌现出一批批独立思考、不甘平庸、敢于挑战、敢于冒险的创业者，他们投身创业大潮，推动技术进步、产业升级和社会发展，并创造更多的就业岗位。作为创业者的同路人，投资者要深刻理解创业不是短时间的冲刺，而是一场持久战，开弓没有回头箭，陪伴创业者的路上并不能单靠"打鸡血"来维持激情，而要以持之以恒的平常心来应对和处理种种艰难险阻，坚持长期主义，赢得最后的胜利。

面对创业者群体，融创投资董事长赵俊峰怀抱尊重和善意，他拥有独特的投资理念。他说："我做投资比较理性，很多投资人把人当作经济动物和利益动物，而我认为人是社会的人，是有感情的，我始终坚持'相信美好'，美好的事物是自带力量的，在创业者遇到困难、没法按时实现原定目标时，我宁愿相信他内心肯定有强烈兑现承诺的愿望，我会选择谅解和宽容，而不是诉讼教条刻板地要求企业家完成不切实际的目标。"

"投前要看准，投后帮得深。就好比'生活中不缺少美，而是缺少发现美的眼光'。"赵俊峰说，"首先，企业家的价值观、气质是否和投资机构相合，企业家是否有足够大局观、包容度、共享精神，是否有足够的逆商、情商、财商，这些都是非常重要的成功指标。还要看他燃烧自己的程度有多强。"

"其次，对投资人而言，了解自己的长处和能力边界，积极有为。融创投资以业内独创的'投资加孵化'的模式，坚持长期主义，投资完成只是完成了工作的10%，投后赋能和抉择进退，是成功的90%。投资人最好的判断不完全是来自大脑，胃口的记忆也非常重要，在哪里成功过就会在哪里有机会。"赵俊峰领投过的茂硕电源、三利谱光电、满坤科技等优秀项目都是这样的经验所得。

作为创投行业的老兵，赵俊峰认为："创投行业本应是一个非常小众、高风险、高收益、投资人群稀少而敏锐，也是一个艰苦的行业，像带刺的玫瑰，看上去娇艳美丽，馥郁芳香，但你要把玩起来，却会有棘手之痛。就像诗人泰戈尔在《飞鸟集》中所写的诗句一样：只有经过地狱般的磨炼，才能创造出天堂的力量；只有流过血的手指，才能弹出世间的绝唱！"

他表示，融创投资之所以取得了阶段性成绩，要感恩这个伟大的时代，感恩创业伙伴的优异表现，有幸与这些优秀的创业者并肩作战，赢取胜利，是融创投资团队的巨大荣耀。

（作者于 2023 年 10 月采访赵俊峰，本文中的数据截止于 2023 年 6 月。）

【案例赏析 二】

中科德诺微电子：研制物联网微传感芯片的"黑马"

企业档案：中科德诺微电子总部位于深圳市南山区粤海街道科技生态园，由中科院系及原微电子上市公司管理层与技术高管组成的微电子团队，聚焦在高端数模混合传感类芯片的研发、设计和销售。公司在深圳、西安等地设立有研发中心，团队拥有数模混的集成电路、光电微电子传感技术、高精度数模转换技术、非挥发存储技术等核心技术，产品广泛应用于工业、泛工业、医疗电子、民用电子、新能源汽车等多个行业。2021 年，中科德诺微电子荣获创新南山 2021 "创业之星"大赛初创团队一等奖、中国芯应用创新设计大赛二等奖，2022 年率先杯优胜奖，入选 2022 中科院优青基金培育计划，是中国开放芯片指令联盟（CRVA）广东省中心联合发起单位。

2023 年春天，中科德诺微电子（以下简称"中科德诺"）将获得中国科技开发院的创业投资，这笔投资对于中科德诺微电子的创始人宋怡彪与团队来说无疑是一个喜讯，对已经实现量产的物联网微传感芯片的市场推广是巨大助力。与此同时，在中国科学院发起的中国开放芯片指令联盟与广东省网信办、深圳市工信办的指导下，中科德诺联合深圳市人工智能协会、中科先进基金一起成立了 CRVA 广东省中心，为粤港澳大湾区的开源芯片生态贡献更多的力量。

宋怡彪三十出头，却已经有多次科技创业经历，在"中科系"创业

图4-3   中科德诺微电子创始人宋怡彪在航天科技做电子技术交流

群体中，他属于一名连续创业的老将，2022年入选中科院优青基金培育计划。回顾他走过的不平凡的创业之路，他深有感触地说："创业一定要聚焦刚需，解决市场刚需，疯狂地创造价值。能够牵手优秀的投资机构并肩同行，是创业者的荣幸，因为在孤独的创业道路上，牵手投资者就好比遇见难得的知音。"

梦想从事科技产业化事业

2010年夏天，宋怡彪南下深圳读书，那时他并没想到自己未来将在这座城市开创自己的事业。

父亲是部队转业干部，母亲是人民教师，他从小就以更高标准要求自己，从重庆大学物理系考上了中国科学院深圳先进院医工所的硕博连读班。之所以果断放弃保研选择报考中国科学院深圳先进院，是因为他非常看好中国科学院深圳先进院的"工业研究院"定位。家庭中的长辈在广东的成功经历激励他满怀憧憬地走向科技创业这条路。

2012年，宋怡彪放弃公费留学申请，迫不及待地自费去美国伊利诺伊大学香槟分校交换学习。虽然这次学习的时间并不长，但科技产业化方面的中美差距深深地刺激了他。2013年底，本已达到研究所博士毕业学术成果标准的他向导师申请提前毕业，希望可以早日投身从事科技产业化工作。

"在美国大学短暂的学习期间，我看到了未来中国的科技产业化有广阔的天地。我最希望做的是科技产业化，成立科技公司开始创业，时间对我来说非常宝贵。"宋怡彪还记得，他去向导师辞行时，导师不但没有反对还鼓励他。

进军物联网小试牛刀

2019年春天，宋怡彪用多次创业所积攒的资金，全资收购广东中电消防旗下的一级智能化承包资质企业，并更名为广东中科德诺技术有限公司，参与智慧城市的物联网信息化建设，通过"城市生命线"的物联感知系统供应，每年销售收入过亿元。

宋怡彪介绍，"城市生命线"是新型智慧城市行业的一个重点建设应用场景。2021年9月，国务院安委办、应急管理部下发通知，部署加强城市安全风险防范工作，推广城市生命线安全工程经验做法，确定合肥、沈阳、南京、青岛、深圳、上海松江等18个城市（区）作为国家城市安全风险综合监测预警工作体系建设试点。要求切实提高城市防控重大风险与突发事件的能力，提升城市安全治理现代化水平。

以深圳为例，在持续推进深圳市"1+11+N"应急管理监测预警指

图 4 - 4　中科德诺获得创新南山 2021 "创业之星" 大赛电子信息行业赛初创团队组一等奖

挥体系建设的基础上，围绕 "能监测、会预警、快处置" 三大功能，以先行示范的标准加快推进城市生命线工程安全建设，为粤港澳大湾区和深圳先行示范区建设营造安全稳定的环境。2022年12月底前，逐步完善了生命线工程基础平台建设，拓展了生命线周边环境风险感知能力、通信保障能力、防灾韧性能力等城市生命线工程安全建设相关能力。

"在 2019 年到 2021 年期间，中科德诺与燃气公司、新能源企业合作，通过提供解决方案和安装各种传感器，打造广域覆盖、智能感知、精准预警、高效处置的超大型城市生命线工程安全新模式。" 宋怡彪介绍道，"比如，在长沙和岳阳市区安装了 3000 多个激光气体传感器，安装在燃气阀门井的探测装置成功监测到发生燃气泄漏报警，立即通知相关人员处理，成功排除安全隐患，很好地保卫城市安全。"

发现物联网微传感芯片是刚需

经过多年的发展，广东中科德诺技术有限公司成为一家业务稳定、收入不错的企业。可团队并未满足于此，在物联网集成系统业务中发现，传感终端所需要的微传感芯片是市场刚需，不但市场需求量巨大，而且核心电子物料主要是由欧美日韩企业提供。宋怡彪的一批老朋友，各自在行业头部海外芯片公司深耕技术研发多年，且有意独立创业，于是团队一拍即合，瞄准了物联网人工智能芯片产业，决定再度出发，挑战更有难度、更有价值、更有广阔前景的事业。

"在气体传感器中，我们采用的光学气体传感器品质远远优于过去的电化学气体传感器，电化学气体传感器的特点是成本相对较低，但多种气体之间会产生干扰，存在使用寿命的问题，在光学传感器出现前，是较为主流的气体检测方式。光学气体传感器是新兴高端气体传感器技术，是智能气体传感器的重要载体，具有高精确度、长寿命、抗干扰等特点，市场潜力巨大，但目前光学传感器最大的不足是，探测器、激光器等核心关键器件的国产化程度不够高。光学气体传感器核心器件国产化，是中国高端气体传感器产业崛起的重要标志。"基于对技术的更高更难更刚需的追求，将已相对成熟的广东中科德诺技术有限公司并购给上市公司后，宋怡彪带团队再次创业，于2021年创办了中科德诺微电子（深圳）有限公司。

"研发最好的物联网微传感芯片是我们的使命，这是国内物联网安全和芯片国产化进程中一道难关。"中科德诺核心研发团队成员来自美国德州仪器、德国西门子、美国ARM、中科院等，研发人员占比70%以上。

宋怡彪介绍，根据国家消防管理条例，新建以及老旧改造的所有建筑体都必须安装有效的物联网光电烟雾报警系统，新能源的快速发展，让新能源消防预警系统需求激增，预计未来5年，全国的烟雾探测器年均安装规模预计超7亿个，全球年均新增安装规模超30亿个。国际市场上，消防烟感整机产品海外主流厂商有Honeywell、SIEMENS、

UTC、BOSCH、TYCO 等，国内主流厂商有北大青鸟消防、海湾消防、奥瑞那、赋安消防等头部企业，上述整机厂所需要的光电传感芯片主要由美国 ADI、美国 MicroChip 公司供应。我国消防产品生产企业上万家，行业整体规模万亿元以上，缺少源头核心技术产品即光电微传感芯片，在国际形势紧张的大环境下，国内各大整机生产厂商的光电微传感芯片的国产化替代需求非常紧急。

针对市场需求，直面光电模数混合芯片产品研发挑战，中科德诺成为国内第一家自主先行研发的企业。团队成功研制了首款低功耗光电微传感芯片，具有单硅片实现颗粒的微信号放大、不失真的高精度模数转换、数字信号处理等功能，在高信噪比、高动态范围和超低误触发率方面超越了国外同行芯片厂家，在完成进口替代的同时，实现了"感算存传"高性能和高精度的超越。

图4-5　北大汇丰同学会到访中科德诺微电子

牵手投资机构研制高性能芯片产品

有多次创业经验的宋怡彪深知，要做出一款优质的光电微传感芯片，必须牵手产业投资人，不仅能获得资金注入，而且可以获得丰富的上下游产业资源。

2021年，一个偶然的机缘，宋怡彪认识了拓尔微电子股份有限公司创始人方建平，了解到拓尔微电子公司深耕芯片技术研发，主营高性能模拟及数模混合芯片设计。方建平对中科德诺微电子团队的研发能力和企业文化非常认可，决定成为中科德诺微电子的种子投资人，除了注入资金之外，还把测试平台和产业平台资源开放给中科德诺微电子，支持团队用严格的测试标准和完善的测试环境，对中科德诺微电子研制的光电微传感芯片进行测试把关。于是，中科德诺微电子的芯片产品研发定型进入了快车道。

"非常感激方建平这位芯片产业的资深专家对中科德诺给予的帮助，他的投资和大力支持给了我们巨大的勇气和信心。"宋怡彪感激地说，"后来我们获得中国科技开发院的投资，为芯片产品的销售推广提供助力，投资机构是我们成长路上的同路人，中科德诺微电子坚持业务和资本并重，助推企业的快速发展。"

龙头企业成为"金种子用户"

芯片产品研制出来，最先应用的"金种子用户"非常关键。中科德诺微电子不仅获得了龙头企业作为"金种子用户"，而且通过华为的推荐，与"金种子用户"结下了深厚的战略合作关系。

2021年，南山－华为鲲鹏生态建设项目启动仪式在深圳湾科技生态园举行，中科德诺作为企业代表之一出席了本次活动，并与华为鲲鹏产业生态展开了深度的战略合作。

华为是中科德诺微电子的"金种子客户"在安防消防一体化所需电力载波方面的独家合作伙伴，当华为了解到该客户面对芯片供应紧张的情况后，华为把中科德诺微电子推荐给了该客户，于是从 2021 年双方开始了紧密合作。

该客户具有资深的行业经验与新能源市场的高占有率，市场的强劲需求导致其传感器终端供不应求。但当时全球传感器芯片紧缺，经常出现出不了货，或者出货了也没有利润的情况，加之各个国家后续出台新的规定，对消防烟感产品的准确度有更高的要求，能替代进口芯片的消防烟感国产工业级芯片成为市场刚需。

中科德诺微电子团队根据客户的需求，组织研发团队专项攻关，用了近 3 年时间，打造出国内首款 32 位 Risc-V 内核、超低功耗微传感芯片 SOC，替代当时市面上的其他相关产品。"很庆幸深圳的产业生态圈非常成熟且上下游高效无缝对接让我们以更快的速度实现了产品成本、性能、集成度的优化。客户从样品测试到批量采购，生态链中的'金种子用户'对中科德诺微电子团队的信任和支持是非常重要的。"宋怡彪坦诚地说。

消防烟感仅仅是中科德诺微电子自主半导体芯片技术瞄准的首个应用市场，而其提前布局的功耗射频组网芯片、微硅温度传感芯片、低功耗生物电芯片、低功耗速度传感芯片、低功耗压力传感芯片、低功耗电流传感芯片等，将进一步赋能用户在性能和产品成本上实现突破性创新，中科德诺微电子的客户将创新成果广泛用于智慧消防、智慧能源、智慧城市、数字园区、智能环卫、智能医疗器械、智能交通、智能制造等各个方面。

图4-6　中科德诺微电子创始人宋怡彪（右二）与半导体设备专家王序进院士（左二）等校友合影

【高质量发展指南针】

认真做事，赢得投资机构的芳心

中科德诺微电子获得的第二笔投资是来自中国科技开发院（以下简称"中开院"）旗下的投资机构，其最大的股东是深圳市天使投资引导基金有限公司。中开院是一家从事科技企业孵化、创业项目投资和创新社区运营的专业机构，紧紧抓住科技成果转化、科技企业孵化和科技产业培育三个环节，探索出了"孵化社区运营、科技企业孵化和早期创业投资"三位一体的商业模式，形成了有中开院特色的科技创新服务运营体系。中科德诺能够获得中开院的投资，一方面反映了方向正确，另一方面也说明团队与产品已在资本市场获得认可。

中科德诺为何能在资本寒冬获得宝贵的投资机会呢？

宋怡彪说："我们用结果证明自己是有价值的公司，在不断成长，让投资人看到我们的进步，而不是说给他听听而已。"

2022年8月，中科德诺与中开院开始接触，到2023年初投资款到位，只用了短短5个月时间。其间，发生了3件事情：一是中科德诺在产品研制上不断迭代，从小批量试产进入了稳定供货阶段，建立了与多个行业客户的新产品导入体系；二是在市场开拓上，更多的行业客户委托中科德诺微电子定制芯片，实现了委托定制NRE收入与IP的版权收入；三是在上海、东莞设立了分公司，比如，在上海嘉定智能传感产业园成立了中科德诺微电子全资子公司，该产业园的产业资源和晶圆中试线向中科德诺开放；与成都电子科技大学合作，在东莞成立了合资公司，成都电子科技大学丰富的人才资源和市场资源为中科德诺微电子进一步赋能。

"我们是用认真做事与全力以赴的态度赢得投资机构的认可。"宋怡彪介绍道，"中开院对我们中科德诺微电子公司进行了严格的尽调，包括行业的数据调研、种子客户的走访、产品上下游的供应商等等，他们调研越深入，对我们企业越有信心，因为看到我们是一支务实的团队，是能做成事的团队，相信我们未来一定可以做得更好，所以他们很快就给我们注资了。做芯片研发是一条高风险、高投入的赛道，越早借力资本，对企业而言就会越早补齐另一条腿，业务和资本两翼齐飞，让企业走得更稳更远。"

中科德诺微电子专注于微硅传感SOC，团队铭记实现最好的物联网微硅传感芯片的使命，研发团队实现了行业首款物联网微硅光电传感芯片 SOC，并基于华为鲲鹏生态，与客户打通自主研发的微硅传感芯片后搭建了 AIoT 物联传感数据云平台，有效帮助客户如华为、中国电子、中国通信服务集团等公司，以更低成本、更短实施周期、更有效更快速实现智慧城市各场景下的现场传感数据采集、传输、分析等。目前，中科德诺微电子已获得多项技术专利及产品认证。在深圳高质量发展的大浪潮中，中科德诺微电子团队非常感恩有机会为国家战略产业做点事、为行业客户做点事的同时实现自我价值。团队相信中国的半导体芯片产业会越来越好，半导体行业在政府的支持下将进一步实现自主可控、自主创新。

第五章

持续创新是企业基业
长青的窍门

企业不论规模大小，都在不断追逐企业的成长。可以说，成长是所有企业的首要战略目标。企业创新的直接目的就是促进成长，持续创新是企业长久生存之道。

没有一家伟大的公司是靠模仿和抄袭走向成功的。只有持续不断地创新，才能在激烈的竞争中胜出，才能为企业赢得生存的时间和空间。企业创新如果慢了，就会被市场淘汰。

创新驱动是推进企业高质量发展的重要手段。研究表明，我国经济下行压力之所以持续存在，主要是因为我国靠要素投入增长的方式出现了明显的报酬递减趋势。只要目前工业总体上的报酬递减趋势不改变，经济下行压力便不会解除。而要从根本上扭转报酬递减趋势，唯一的出路就是全面提高创新能力，通过提高创新的回报率和贡献率来抵消报酬递减趋势的影响，并最终形成报酬递增（效益增长速度明显快于产出增长速度）新局面，这正是企业高质量发展的直接表现。

在百舸争流的时代，企业的创新应该是全生命周期、全方位的，从企业初创到发展到一定规模，从技术创新到管理创新，每一个方面的创新均有利于增强企业的竞争实力，也有机会带给企业高质量成长。深圳拥有华为、腾讯、大疆等一大批高科技企业，已发展成为我国高新技术产业的标杆城市。华为、腾讯、比亚迪等深圳知名本土企业的成长史，实际上就是一部企业创新史，他们用自己的发展历程诠释了一个深刻而简明的道理——持续创新是企业基业长青的窍门，是企业高质量发展的重要手段。

深圳市市长覃伟中在 2024 年深圳市人民政府工作报告中指出："实体经济是发展之本，制造业是强市之基，我们要加快建设全球领先的重要的先进制造业中心，努力在发展新质生产力上冲在前、走在先，站上全球科技产业发展之巅。"

一、从劳动密集型产业起步

深圳经济特区从引进外资、创立"三来一补"企业，到"外引内联"，是深圳这座边陲小镇早期兴办产业的主要做法。

当时，深圳经济特区还是一座无人才、无资金、无技术的"三无"小镇，只有通过引入大量的"三来一补"的劳动密集型企业，聚集一大批年轻人到深圳淘金，并把一批外资高新技术企业逐渐引入深圳发展，才能把深圳初步带进国际产业体系并从中获得一些学习和成长的机会。这套模式对深圳经济特区早期的资金积累、学习外国先进技术和管理理念、培养产业技术人才具有重要的意义，也帮助深圳从单纯的加工制造走向高新技术产业升级创造了必要的物质基础。

以比亚迪的发展为例，劳动密集型的产业模式帮助王传福迈出了创业起家坚实的第一步。20世纪90年代初，日本因环境问题宣布放弃本土镍镉电池生产，全球范围内面临严重的供需缺口。当时在北京有色金属研究院工作的王传福看准时机，决定辞去"铁饭碗"，依靠自身多年技术积累，瞄准日本人已经"看不上"的镍镉电池市场启动创业。1995年初，从体制内辞职的王传福带领 20 多人在深圳一间旧厂房里正式成立了比亚迪公司，扬帆启航，他创业的启动资金主要是从早几年下海的表哥吕向阳那里借到的一笔钱。

王传福并没有斥巨资引进国际领先水平的生产线，而是自主研发产品。他想出一个降本增效的好办法，那就是利用中国的人力优势，把完全自动化的生产线拆解成半自动化半人工的生产方式。那时的中国，在制造业方面比发达国家落后很多，在劳动力成本方面却具有得天独厚的优势。因此，比亚迪通过拆解电池生产流程，能用人工来完成的工作尽量不使用机器，大幅降低生产成本，只用 100 多万元就建成了一条日产4000 块镍镉电池的生产线。不仅如此，王传福投入大量的精力改进工艺、控制质量和降低成本，企业因此快速成长，成立后的连续 3 年，比亚迪每年营收增长率高达 100%。

1997 年，比亚迪从一家不起眼的小微企业，跃升为一家年销售近1 亿元的中型企业。当金融风暴席卷东南亚时，全球电池产品价格暴跌，日系厂商处于亏损边缘，比亚迪的低成本优势越发凸显，接连不断地接到来自飞利浦、索尼、松下等跨国公司的大额采购订单。王传福只花 3年时间便夺得镍镉电池全球近 40% 的市场份额，比亚迪一举成为镍镉电池的"领头羊"。

之后，王传福挥师进军镍氢电池和锂电池行业，依然做得顺风顺水。2000 年 11 月，摩托罗拉公司在对比亚迪工厂进行为期半年多的考察后，决定把订单下给这家成长迅猛的电池新秀，王传福赢得摩托罗拉首期 20 万块电池订单。比亚迪很快又把诺基亚、TCL、波导、爱立信等中外手机厂商收入囊中[①]，迅速成长为享誉全球的"电池大王"。

2002 年 7 月 31 日，成立 7 年的比亚迪在香港联交所上市，募集资金 16.5 亿港元，以 10.95 港元的发行价创下了当时 54 只 H 股最高纪录，王传福本人以 27.83% 的股份进入《福布斯》大陆富豪榜前 50 名。[②]

2003 年初，王传福决定以 2.7 亿元的价格收购秦川汽车，宣布进入技术密集型的汽车行业。

2022 年 11 月 16 日，比亚迪第 300 万辆新能源车下线，从"第 1 辆新能源汽车到第 100 万辆新能源汽车"用时 13 年、从"100 万辆到 200 万辆"用时 1 年；从"200 万辆到 300 万辆"仅用时半年[③]。日均生产近 5500 辆新能源车，快速超越同行，比亚迪在新能源赛道上正加速前进。

2024 年 8 月 5 日，比亚迪连续 3 年上榜《财富》世界 500 强榜单，从 2023 年的第 212 位跃升至第 143 位，成为年度排名升幅最大的车企。2023 年，比亚迪全年实现营收 6023.2 亿元，同比增长 42%，各项核心经营数据持续攀升。比亚迪新能源汽车销量再创纪录，全年累计销售 302.4 万辆，并首次跻身全球畅销汽车品牌榜前十名，成为中国汽车工业 70 年以来，首个入围前十名的中国汽车品牌。2024 年 1 至 7 月，比亚迪累计销售 194.7 万辆新能源汽车，并再度跻身 2024 年上半年全球畅销汽车品牌榜前十名，排名第八，国际影响力加速攀升。

---

① 威廉. 比亚迪，荣耀与争议的崛起之路[EB/OL]. (2021-10-08) [2023-12-01]. https://www.tmtpost.com/5750612.html.

② 同上注。

③ 比亚迪. 第300万辆新能源汽车下线！新能源赛道上演比亚迪加速度[EB/OL]. (2022-11-18) [2024-01-23]. https://www.bydglobal.com/cn/news/2022-11-18/1617161815788.

　　比亚迪新能源汽车已遍及全球 88 个国家和地区，400 多个城市。2024 年 7 月 4 日，比亚迪第 800 万辆新能源汽车海豚在泰国下线，标志着比亚迪泰国工厂正式投产。此外，比亚迪还在巴西、匈牙利、乌兹别克斯坦等国设有乘用车生产基地，加速产业链全球化，助力全球汽车产业绿色变革。

　　《证券时报》记者张娟娟曾如此写道："中国新能源汽车产业能在短期内取得突破，比亚迪贡献巨大。2020 年，比亚迪推出电池'黑科技'——刀片电池。刀片电池改变了电池包的封装工艺，体积利用率提升 50%，极大地延长了车辆续航里程，获得市场验证和行业高度认可。在基于磷酸铁锂设计的刀片电池和三元锂电池针刺试验穿透测试对比中，三元锂电池剧烈燃烧，温度瞬间上升至 500℃左右，而刀片电池保持 50℃左右的恒温。据同花顺数据，2023 年 1 月，比亚迪锂电池装机量市场份额达到 35.29%，环比上升 11 个百分点，创单月新高。"

　　诞生于改革开放最前沿的比亚迪，自 1995 年成立以来始终坚持"技术为王、创新为本"的发展理念，依托过硬的研发实力，形成核心竞争力，在汽车、轨道交通、新能源和电子四大赛道精准定位市场，成为全球范围内的佼佼者。比亚迪在 2023 年的研发投入近 400 亿元，同比增长 97%，累计研发投入已经达到了 1400 亿元。截至 2024 年 7 月，比亚迪全球累计申请专利超过 4.8 万项、授权专利超过 3 万项，拥有超过 10.28 万名研发人员，为全球新能源行业的高质量发展提供了强大的技术支撑。

　　比亚迪的发展历程恰恰是深圳产业从劳动密集型起步发展到技术密集型的一个缩影。最初，王传福利用人力成本优势，依靠小米加步枪式的"作坊"经营模式，把镍镉电池、锂电池生产成本降到了最低。在电池产业实现了巨大成功后，又转战技术含量更高的新能源汽车产业，带领企业走向更大的成功。

二、向知识密集型产业转型

1992 年以后，全国兴起全方位改革开放的热潮，浦东迅速崛起，珠江三角洲发展提速，中西部加快发展，各地的外资吸引政策比深圳更加优惠，不少"三来一补"企业受到诱惑逐渐离开深圳北上。在此背景下，深圳经济特区感受到前所未有的危机。

早自 1990 年开始，在深圳市政府的积极引导下，企业转型升级加快了步伐，深圳进入到自主创新发展的新时代，更多的企业向知识密集型产业转型升级。深圳市委、市政府领导认为，发展高新技术产业是深圳增加创新优势的一个最佳突破口，因此，1990 年深圳市党代会做出了"以先进工业为基础，第三产业为支柱"的决定；1991 年，发布了《关于依靠科技进步推动经济发展的决定》；1993 年 6 月，发布了《深圳经济特区民办科技企业管理规定》，之后又出台了《关于进一步扶持高新技术产业发展的若干规定》，出台了一系列扶持民营科技企业发展的政策，进一步推动了电子信息、生物技术、新材料产业的快速发展。

1998 年 6 月，深圳市委二届八次全体（扩大）会议上，时任广东省委副书记、深圳市委书记张高丽对深圳发展高新技术产业的重要意义做了精辟的论述："高新技术是深圳的希望所在，后劲所在。深圳要在产业升级上走在全国的前面，就必须大力发展高新技术产业，使之成为深圳的特色经济和第一经济增长点。"

在深圳这片创业沃土上，华为、科兴、开发科技、比亚迪、中兴通讯、赛格等企业发展迅速，成为享誉全国的高科技企业，他们生产的程控交换机、磁共振设备、生物工程乙肝疫苗等高科技产品在市场上大受欢迎，深圳经济特区高科技产业呈现出生机勃勃的喜人景象。

由于深圳不断出台扶持高新技术产业的政策，本土高新技术产业迅猛发展，吸引了不少全球知名科技公司落地深圳发展，把研发中心设在深圳。这些跨国企业的安家落户，一方面带动了深圳高新技术产品的出口，促进了深圳外向型经济快速发展，另一方面给深圳培养了更多科技人才，推动了国际科技交流，加快深圳成为国际化城市的步伐。

深圳在从劳动密集型产业向知识密集型产业升级的过程中，也探索出了一套独特的方法。其中十分重要的一条就是发展高新技术产业必须依靠市场经济手段，让企业真正成为科技创新的主角，政府的职能就是搭好舞台，做好服务。在这样的机制下，企业成为经济活动的中心和主体，大量科研成果掌握在企业手中，大批科技人才集聚在企业里，企业自主决定如何开拓市场、组织技术研发。

三、开辟"第二曲线"需要胆识

2012年以后，中国经济发展进入了"腾笼换鸟"的阶段。2014年中国高新技术产品及服务出口已经超过了日本，中国制造的无人机、智能手机以及高铁都在国际市场上颇具竞争力。高科技企业数量也从2000年的不足1万家，发展到2022年的约37万家，创新驱动经济发展成为大势所趋。

在这个时代背景下，深圳市委、市政府明确了创新是加快转变经济发展方式的核心推动力，是实现质量型增长的战略支撑。深圳企业在创新路径和创新模式上进行了非常有益的探索，华为、腾讯、中兴通讯等科技企业在各自领域快速发展成龙头，成为中国企业创新的典范。

华为早期创业阶段，中研部在研发队伍中广泛宣传如下思想：要反对盲目的创新，经过理性选择的借鉴、仿造和拼装都是创新，技术进步与市场变化都很快，要学会采用协作、合作、交流、购买专利、交叉许可等多种方式获取创新资源。2009 年，华为副总裁宋柳平曾对媒体说："华为通过专利许可谈判，至今已与通信行业几乎所有主要的 IPR 拥有者，如爱立信、诺基亚、西门子、北电、阿尔卡特、高通等公司达成了 IPR 交叉许可协议。2008 年仅支付给西方公司的专利许可费用就达到 2 亿美元。"虽然支付了 2 亿多美元的专利许可费，却为华为换来了 200 多亿美元的合同销售额。他认为及时整合利用全球创新资源，帮助华为实现了全球同步技术开发。

到了 2016 年 5 月，华为宣布创新已进入"无人区"，任正非在全国科技创新大会上提出："重大创新是无人区的生存法则，没有理论突破，没有技术突破，没有大量的技术积累，是不可能产生爆发性创新的。"华为对研发创新从来都不吝惜投入，过去 10 多年，华为研发投入高达数千亿元人民币，仅 2022 年研发投入就高达 1615 亿元，华为在全球范围建立起 36 个联合创新中心、15 个研发中心。在 2023 年全球分析师大会上，华为轮值 CEO 徐直军曾透露："华为未来每年研发投资将在 100 亿—200 亿美元之间。"确保研发投入的强度和力度，对基础研究和最新技术始终大手笔投入，这是华为始终保持技术领先的重要原因。

腾讯的发展历程则揭示出企业发展"第二曲线"需要过人的胆识和决心。腾讯最初起家的业务是 PC 端的 QQ，到 2006 年，腾讯已经初步构建起 QQ、QQ.com、QQ 游戏及无线 3G 手机门户四大平台。

到了移动互联网时代，腾讯又打造了"现象级产品"微信。2011 年 1 月微信上线，到 2014 年 1 月微信"抢红包"引爆社会舆论，这一段时间属于微信的"创世纪"阶段，毫不夸张地说，微信的光芒掩盖了互联网领域里的其他一切创新。到 2015 年 6 月，微信和 WeChat 合并月活跃用户数量达到 6 亿，覆盖了九成的智能手机，成为最大也是最活跃的移动社交平台。其实，QQ 和微信同为即时通信产品，两者显然存在非连续性的竞争关系。但腾讯将大量的人才、资源、资金、注意力，放在了"第二曲线"上，这才有了现在拥有 10 亿活跃用户的微信，由此改变了大部分国民的日常交流方式。

其实，早在 2006 年马化腾就确定了"腾讯的事业就是'在线生活'"，2015 年 3 月，作为全国人大代表的马化腾在参加全国两会期间，第一次明确地提出了腾讯正在专注做的两件事情 —— 连接与内容。他说："腾讯这一两年的战略做了很大的调整，我们把搜索、电商都卖掉之后，更加聚焦在核心，就是以通信和社交为核心，连接所有的人和资讯、服务，第二个事就是内容产业，就这么简单，一个是连接器，一个是做内容产业。"

不论华为还是腾讯的成长故事，都说明每一家企业的成功都源于一系列的创新。马化腾曾于 2019 年 4 月在青腾大学的演讲中强调，中国经济过去得益于人口红利，未来更多地要依靠创新红利。

值得注意的是，当企业成长到一定规模的时候，寻找"第二曲线"成为企业走向基业长青的必由之路。然而，大型企业的传统管理体系会扼杀创新，管理越良好的企业，越善于发展延续性技术，就会在第一曲线中越陷越深，在不可避免地遭遇企业发展的极限点和市场的非连续性之后，只能无奈地在颠覆式创新的威力面前败下阵来。克莱顿·克里斯坦森在《创新者的窘境》一书中，给出了企业如何利用颠覆式创新技术的五大原则。

第一，企业的资源分布取决于客户和投资者，当面对颠覆式创新技术的威胁时，主流企业的人员和流程并不能自由地分配所需要的关键性财务和人力资源用于开拓小型新兴市场，成本结构主要针对高端市场竞争，也很难在低端市场获得利润，因此建议设立一个独立的机构，并按照颠覆性技术的利润率较低的特点，建立一个能够实现盈利的成本结构，这是成熟企业利用这一原则的唯一可行方式。

第二，小市场可以成立一个独立的分拆机构，也可以收购一家小型企业，让小机构去利用小型新兴市场上出现的发展机遇。

第三，无法对并不存在的市场进行分析。对于那些在进入市场之前，需要得到市场规模和财务收益率的量化数据才能做出投资决策的成熟企业来说，面对颠覆性技术会变得束手无策，因为无法对并不存在的新市场进行分析。克里斯坦森建议管理者假定预测是错误的，基于该假设来进行投资和管理将迫使企业管理者制订计划，学习他们需要了解的内容，是成功应对颠覆式创新技术的一种更有效的方法。

第四，机构的能力决定了它的局限性。同样的流程和价值观在某个环境下构成了某个机构的能力，但在另一种环境下则决定了这个机构的局限性。克里斯坦森建议管理者通过收购壮大能力，在内部创造新能力，或者通过分支机构创造新能力。

第五，技术供应可能并不等同于市场需求。主流市场的成熟企业不断追逐高端市场，提高产品性能，逐渐超出了老顾客的实际需求，被忽略的边缘市场则给更低价的颠覆性产品留出了很好的机会，虽然颠覆性创新最初只能应用于远离主流市场的小型市场，但它们具有破坏性的原因是它们日后将逐渐进入主流市场，而且其性能将足以与主流市场的产品一争高下。成功的企业之所以能避免性能过度供给，是因为他们能深刻地理解客户的需求曲线和技术人员的供给曲线。

"创新理论和创业家理论之父"、政治经济学家约瑟夫·熊彼特曾在《经济发展理论》一书中，对创新做过如下定义："创新不是在同一条曲线里渐进性改良，而是从一条曲线变成另一条曲线的新组合。"他对非连续性创新极为推崇，认为这才是经济发展的唯一因素。中国企业的短板在于难以实现持续创新，寻找"第二曲线"成为大型企业未来发展所要面对的一项艰巨任务。在本章的案例部分将介绍健康元药业集团如何通过持续创新，成功找到"第二曲线"并实现了高速成长，成为生命健康领域里的高质量发展领军企业。

四、企业家精神构成深企创新文化的决定基因

华为创始人的任正非、腾讯创始人的马化腾、比亚迪创始人的王传福……这些著名的深圳企业家身上都体现出强烈的企业家精神 —— 勇于创新、敢于冒险、开放包容、勇于承担责任。熊彼特开创的创新理论认为，企业家是企业创新的主体，是创新文化的直接缔造者。深圳拥有一批具有企业家精神的开拓者，才使得深圳企业创新文化深入人心，因此，企业家精神构成了深圳企业创新文化的决定基因。

　　企业家精神体现在企业家具有敏锐的洞察力和战略眼光，这是企业创新文化的重要组成部分，使企业的经营管理具有科学性和前瞻性，企业更容易从发展壮大并走向成功。达实智能董事长刘磅是一位目光敏锐的创业者，达实智能的起步很幸运地踩准了几个重要的节点，得以快速发展。比如，在国家进行大规模粮食储备库建设的时候，达实智能开发出粮食仓储成套控制装置，实现仓储自动控制和管理。2001年到2004年，随着建筑市场的迅猛发展，达实智能楼宇自动化专项业务逐步发展成为建筑智能化工程总承包业务。2005年到2010年，公司聚焦在建筑智能化领域，开发了智能住宅小区系列产品和系统、楼宇机电设备控制器、中央空调节能控制系统、城市能源监测管理平台等。2010年6月，达实智能成功登陆中小板，上市之后，达实智能一直致力于物联网技术研发及应用推广，广泛服务于建筑楼宇及园区、医院、城市轨道交通、数据中心等多个市场领域，帮助用户营造节能低碳、高效智慧、安全温暖的工作和生活环境。2018年以来，达实智能基于公司总部大厦的4年建设及3年运营经验，重新定义智慧建筑空间场景，创新推出新一代办公建筑智能化整体解决方案。2023年，面对错综复杂的外部环境影响，达实智能秉承创新驱动与良知驱动的发展理念，持续提升竞争力，并实现了全年38.33亿元营业收入和1.15亿元净利润，逆势增长。

　　企业家精神中的"敢于冒险""不怕失败"的精神，是企业家精神构成创新文化的决定基因的又一个重要体现。任正非创办华为的时候只租用了两间简易厂房，工作条件十分艰苦，1992年自主研发全程控式交换机，银行贷款申请困难，华为不得不向其他大企业拆借利息高达20%以上的贷款。即使在这样艰难的环境下，华为还是靠采取农村包围城市的市场策略、持续重金投入技术研发，最终白手起家成长为中国通信领域的龙头企业。如今，华为业务遍及 170 多个国家和地区，服务全球 30 多亿人口，华为国际化发展取得斐然成绩，成为中国企业出海的学习榜样。华为 2023 年实现销售收入 7042 亿元人民币，同比增长 9.64%，实现净利润 870 亿元，同比增长 144.38%，企业业务保持了快速增长，取得如此骄人业绩与任正非敢于冒险、敢于拼搏的企业家精神密不可分。

除了华为这样的巨头企业，深圳新生的科技企业同样具有敢于冒险、勇于拼搏的精神，并且凭借过人胆识抓住市场契机，迅速成长为细分行业的领头羊。参与"2023 年高质量发展领军企业"评选的深圳前海粤十信息技术有限公司（以下简称"前海粤十"），就是新生代深企的典型代表。这家企业自 2017 年成立以来，前 3 年创业阶段都处于投入期，创始人陈彬彬为了筹措研发资金，不得不卖掉两套住宅，投入近亿元资金研发冷链产业互联网生态云平台，直到 2020 年后，冷链物流在保障农产品食品流通、医药产品流通、战略储备等作用凸显，前海粤十开始加速发展。当前，中国人均冷藏仓储容量仅为 0.132 立方米，日本人均为 0.315 立方米，美国人均为 0.49 立方米。与发达国家相比，中国冷库冷链行业尚存在巨大发展空间。国务院办公厅 2021 年印发了《"十四五"冷链物流发展规划》（以下简称《规划》），加快推进冷链物流高质量发展。《规划》明确，到 2025 年，将布局建设 100 个国家骨干冷链物流基地，2035 年全面建成现代冷链物流体系，设施网络、技术装备、服务质量达世界先进水平。陈彬彬判断，未来 10 年，这将是快速增长的万亿级增量市场。前海粤十依托多年的数字化能力积累，将冷链仓储、物流、园区和交易等冷链供应链各个环节的数字化、智能化结合打通，打造一体化数字冷链供应管理体系，服务案例覆盖了广州港集团、盐田港集团、华润五丰、中农批等，与华为、腾讯、顺丰等结成合作伙伴，服务冷库超过 3500 万吨，企业用户超 21 万家，冷链供应链数字化市场占有率全球第一。2022 年，前海粤十的数字化冷链供应链服务月营收金额达 2 亿元人民币。2021 年至 2022 年，前海粤十完成 3.9 亿元人民币 A 轮融资，创业工场、启赋资本、紫金港投资、湾兴创投、金证股份、长禾资本、拓华资本、川娃子创始人唐磊等共同投资。2021 年前海粤十入选"科创中国"创新创业投资大会全国 100 强、"2021 中国农产品供应链金穗奖——十佳农产品信息化服务商"，2022 年荣获"中国产业互联网百强"、2022 年数智化转型与创新实践案例优质技术服务商、"中国冷链产业金链奖"等荣誉。2024 年 8 月，前海粤十凭借"智慧冷链物流园区一体化管理云平台"一举夺魁，获得 2024 中国互联网发展创新与投资大赛总决赛一等奖。

企业家精神中的开放包容和承担责任的精神，也是企业家精神构成创新文化的基石。2016 年 11 月，马化腾在第三届世界互联网大会上发表了《互联网创新与企业责任探索》的演讲："如果我们再不开放，基本上可以说是大树底下寸草不生，我们自己也走不远。这一次也是给腾讯的开放指出了一个新的方向。所以说我们在一个行业的发展过程中，我们的责任就是如何为整个生态开放出来，这样的话才有长期的发展。……最近的移动互联网这个大浪潮，这四五年，我们看到微信、QQ 已经成为中国数亿网民的一个信息基础设施，这里面承载的责任就更加巨大。虽然在 10 年前当时在 QQ 上面已经有很多的信息安全问题了，但是在最近这四五年微信的平台上面承载了更重大的信息安全责任的问题。可以说我们在这样一个新的环境下，我们肩负着更大的社会责任和平台责任。"

在任正非看来，如果故步自封，就会造成落后挨打的局面。开放、妥协、灰度是华为文化的精髓，也是一个领导者的风范。一个不开放的文化，就不会努力地吸取别人的优点，逐渐就会被边缘化，是没有出路的。一个不开放的组织，迟早也会成为一潭死水的。任正非谈道："我们无论在产品开发上，还是销售服务、供应管理、财务管理……都要开放地吸取别人的好东西，不要故步自封，不要过多强调自我。创新是站在别人的肩膀上前进的，同时像海绵一样不断吸收别人的优秀成果，而并非封闭起来的'自主创新'。①"在华为企业内部，通过协作创造整合力量和放大效应，实现企业与员工价值共享。企业组织结构由"层级式"向"网络式"组织转化，与外部环境发生物质、能量、信息的交换和传递，形成一个开放的动态系统。华为与大学、研究机构广泛地合作，促进企业树立开放意识，采取开放战略，完善组织架构，充分地体现出一种创新文化。

企业家精神构成了深圳企业创新文化的决定基因，企业家精神中所包含的勇于创新、敢于冒险、开放包容等精神，赋予企业持续创新的能力，持续创新则让企业始终保持生机和活力，为实现高质量发展夯实了基础，确保企业能够走向基业长青的未来。

---

① 陈广. 华为之企业文化[M]. 深圳：海天出版社，2018：19.

【案例赏析 一】

健康元：持续创新成为企业高质量发展引擎

企业档案： 健康元药业集团成立于 1992 年，总部位于深圳，历经多年稳健经营和快速发展，现已成为一家创新研发型的综合医药集团，集研发、生产、销售、服务为一体。旗下拥有健康元、丽珠医药两家大型上市公司，20 余家主要控股子公司，现有员工近 1.3 万人。健康元始终坚持以科技创新为战略基点，以打造高壁垒复杂制剂技术平台为战略目标，其中呼吸制剂研发平台率先突破国际市场垄断，崭露头角，已成为国内先进的吸入制剂领航者。

2022 年 12 月底，由每日经济新闻主办的"第十一届中国上市公司高峰论坛"活动中，凭借在大健康领域创新研发的高质量发展和成长潜力，健康元药业集团股份有限公司（以下简称"健康元"）荣获"生物医药最具成长上市公司"大奖，健康元药业集团总裁俞雄荣获"最佳上市公司 CEO"称号。在深圳市高质量发展领军企业和领军

图5-1　健康元药业集团首席科学家金方博士

人物的评比中，健康元药业集团及首席科学家金方博士又先后获得"深圳市高质量发展领军企业（2021年）"和"深圳市高质量发展领军人物（2022年）"荣誉。

对于拥有百亿营收的健康元，持续创新和保持增长需要付出艰苦卓绝的努力。健康元药业集团一直在朱保国董事长的带领下，不忘初心，深耕大健康领域，为促进人类生命健康发展不断创新。近年更是不断巩固了国内高端吸入制剂赛道领航者的地位，而吸入制剂业务正是近10年来健康元集团通过持续创新发展出来的"第二曲线"。

健康元药业集团首席科学家金方介绍，健康元在高端吸入制剂领域，从零开始，经过10年创新与拼搏，成功突破国际上少数几家跨国药企的技术垄断，实现国产替代，让原来外资占据我国高端吸入制剂95%市场的局面一去不复返；到2022年，健康元吸入制剂的在研管线有40多条，覆盖吸入制剂所有类型，已经有7个品种、11个品规上市，累计销售额突破20亿元，研发效率、市场占有率均为国内领先；重磅改良型新药妥布霉素吸入溶液健可妥上市，填补了全球治疗支气管扩张症的空白，惠及我国2000余万支扩患者，彻底改变支扩症患者雾化吸入治疗领域在国内无药可用的状况，实现高端吸入制剂领域由仿制到创新的跨越式、高质量发展。

瞄准呼吸市场，找寻第二曲线

健康元于1992年在深圳创立，靠"太太口服液"起家并扬名海内外。1995年至1997年，健康元完成战略转型，顺利进入制药领域，并成长为一家涵盖医药保健品研发、生产、销售、服务为一体的创新研发型综合集团公司。2001年，健康元在上交所成功上市，2002年收购丽珠医药集团，成为拥有健康元药业、丽珠医药两家大型上市公司的综合型制药企业。

健康元的下一步如何发展，朱保国董事长带领管理层把目光投向高端制剂，并重点布局呼吸制剂。吸入疗法也是全球公认的治疗哮喘、慢阻肺等呼吸疾病的首推疗法。

呼吸系统疾病是我国仅次于心血管疾病和糖尿病的第三大慢性疾病。慢性呼吸系统疾病严重威胁人民健康，已经成为全球性公共卫生问题。WHO 相关数据显示，呼吸疾病是我国致死率最高、负担最重的病种之一。其中，哮喘和慢阻肺是呼吸系统疾病的高发领域，我国 20 岁及以上人群哮喘患病率达 4.2%，患者人数多达 5000 万，而且其中约 7% 为重度哮喘患者，危及生命。2007 年，钟南山院士牵头对我国 7 个地区 20245 名成年人的调查结果显示，40 岁及以上人群中慢阻肺的患病率高达 8.2%。2018 年，王辰院士牵头"中国成人肺部健康研究"调查结果显示，我国 20 岁及以上成人慢阻肺患病率为 8.6%，40 岁以上人群患病率高达 13.7%，估算我国慢阻肺患者数近 1 亿，提示我国慢阻肺发病率仍然呈现高发态势。生活中，无论哮喘还是慢阻肺由于早期症状较轻、与其他疾病症状类似等原因，使得知晓率、诊断率和正确治疗率都相对较低。有数据表明，我国慢阻肺患者知晓率仅 3.7%。我国在 2016 年颁布的《"健康中国 2030"规划纲要》明确指出，2022 年和 2023 年，40 岁及以下的居民慢阻肺的知晓率要分别达到 15% 及 30% 以上，重大慢性病过早死亡率要由 2015 年的 19.1% 下降到 2030 年的 13.3%。2019 年中国 20 岁以上有 71.2% 的哮喘患者从未被诊断，慢阻肺知晓率和检测率不足 10%、知晓率仅 2.6%。即便在确诊患者中，也仅有 5.6% 接受了糖皮质激素治疗，许多患者甚至过早终止了治疗。

呼吸道疾病更是儿童易感易染疾病，跨国药企在国外上市适合儿童用药的低规格制剂，却因市场等因素不引入国内或者有批文不生产，使得我国儿童只能用成人药治疗，临床上一般按成人用量减半或直接按成人量使用，既不科学又存在严重安全隐患。

彼时，国产化吸入制剂一片空白，因为技术门槛高，全球也只有极少数发达国家的极少数企业能涉足高端吸入制剂的研发和生产，我国近98%的市场被跨国企业垄断。我国哮喘及慢阻肺患者常因为吸入制剂可及性低、药价高而望尘却步。由于技术上的"卡脖子"问题，以及生产设备的巨大投入，当年依靠传统口服、注射剂仍能获得较丰厚利润的国内药厂，很少有意愿或有能力涉足高端吸入制剂领域。

打破垄断，做我国自己的吸入制剂造福百姓——健康元了解到市场痛点后果断布局高端吸入制剂。2010年开始，健康元集团投身高端复杂制剂，重点布局呼吸制剂领域，2013年携手我国著名吸入制剂专家，国家药典第九、十、十一、十二届委员金方博士成立上海方予健康科技有限公司，并聘请金方博士出任健康元首席科学家，共同搭建创新药研发与高端复杂制剂双轮驱动创新平台。

图5-2　2023年金方博士出席第十四届全国人大一次会议

当时金方博士已担任国家科技重大专项"综合性新药研究开发技术大平台"新制剂研究子平台负责人，承担智能化呼吸系统给药"左旋盐酸沙丁胺醇时控脉冲释药系统的研究"等 20 多项国家 863、国家重点攻关项目，获得了 20 余项新药证书及生产批件。同时，她还是中国承诺国际《蒙特利尔条约》中"药用吸入式气雾剂（MDI）中氟利昂（CFC）淘汰"项目的技术专家，是我国掌握高难度吸入制剂核心关键研发及产业化技术具有国际影响力的领军人物。

金方想去产业界做新药研发，很快就吸引了国内多家药企抛来"橄榄枝"，她最终决定牵手健康元集团，主要原因是朱保国对创新有着很深的理解和巨大的包容性。

金方回忆道："我第一次跟朱总见面，仅半小时就敲定了我们后续致力于呼吸领域的研发和深耕。他对创新工作持有的包容态度，深深打动了我。"

健康元于 2013 年成立上海方予健康医药科技有限公司，形成具有国内一流技术水平的呼吸系统药物研究服务平台，正式进军吸入制剂市场。2015 年，健康元集团与钟南山院士所领导的广州呼吸疾病研究所合资成立广州健康元呼吸药物工程技术有限公司，致力于吸入制剂的研发，这为数年后健康元发展成为国内吸入制剂龙头企业打下了坚实的基础。

高质量发展，创新药和高端制剂双轮驱动

金方在呼吸类药物研发及高端复杂吸入制剂产业化一线深耕 30 多年，凭借专业专注、追求卓越的工匠精神，突破了国际上少数几家跨国药企的技术垄断和"卡脖子"瓶颈。在她和团队的刻苦钻研下，健康元药业集团坚守"为健康为明天，用心做好药新药"的使命愿景，在呼吸用药领域取得了一系列创新性的成果，助力健康元实现高质量发展。

截至目前，健康元已拥有专业吸入制剂开发团队 200 余人，研发效率国内领先，公司吸入制剂在研管线 40 余条，覆盖粉雾剂、气雾剂及吸入溶液等在内的吸入制剂所有类型，自 2019 年起已实现 7 个品种，11 个品规上市。重磅产品盐酸左沙丁胺醇雾化吸入溶液为全国首家上市。国内的销售峰值达到 70 亿元人民币 / 年的重点品种布地奈德吸入溶液实现全国首个低规格上市；沙美特罗替卡松粉雾剂全国首个国产注册申报等，大部分品种均为全国首个或首家完成一致性评价申报上市，凸显团队技术攻关实力以及能打硬仗的能力。

健康元十分关注儿童呼吸健康，一直坚持儿童药的研发，几乎所有的品种都有低规格适用儿童用药，全国首家上市产品盐酸左沙丁胺醇雾化吸入溶液是一种舒张支气管平滑肌的药物，相较于普通的沙丁胺醇，具有副作用小、疗效好、剂量小等特点，尤其适合儿童和老人使用。健康元还是全国唯一的国产吸入用低规格布地奈德混悬溶液生产厂家。我

图5-3　健康元科研实验室（一）

图5-4　健康元科研实验室（二）

国一般对低规格药品定价为普通规格药品的一半左右，因此生产普通规格药品利润更高，吸入制剂都是微克级，药分子都是微米颗粒，原料药成本比重不大，规格越低则质量控制成本越高，所以市面上提供低规格的厂家就较少。健康元一直坚持"做中国自己的吸入制剂造福百姓"的初衷，持续关注儿童吸入用药安全，践行企业社会责任与担当。

　　企业积极推动产品进入国家医保目录，使更多患者可以享受既安全又实惠的治疗，并通过积极参加国家集采、运营公益自媒体平台"呼吸专家说"等方式，呼吁民众加强对慢性阻塞性肺疾病（COPD）、哮喘等呼吸系统疾病的关注和了解。作为国产吸入制剂的领航者，健康元坚守着为国为民的药企担当。2022年7月，继"雾舒""舒坦琳""丽雾安"三款吸入制剂产品中标第五批国家集中采购后，新产品"特瑞通"在第七批国采中顺利中标。一直以来，健康元通过学术论著、公益行动、推广科普等工作，将普惠健康从泛概念落到实处，不断提升慢病诊治与管理意识，提升用药可及性。截至2022年底，健康元集团旗下的国内呼吸疾病领域第一公益患教平台"呼吸专家说"已累计携手数千位医生向数百万粉丝科普慢性呼吸系统疾病的科学防治理念，聚焦 COPD、支扩症等呼吸慢病在我国发病率高但知晓率和规范诊疗率双低的痛点，以实际行动助力"健康中国 2030"。

近年来，健康元整体营收也在实现稳步增长，2020 年营收 135 亿元，2021 年营收 159 亿元，2022 年营收 171 亿元，带来的净利润分别为 11.2 亿元、13.2 亿元及 15.1 亿元。吸入制剂 2021 年实现 5.77 亿元的营收，同比增长达到 658%；2022 年实现营收 11.74 亿元，同比增长103.37%，这两个数字的背后也代表着越来越多的中国百姓用上了国产质优价廉的好药新药。

健康元坚持以研发创新为驱动，聚焦创新药及高壁垒复杂制剂的研发，围绕抗微生物、抗肿瘤、促性激素、消化、神经及呼吸等领域的产品线布局，形成了较为清晰的产品研发管线。近年来，健康元持续加大研发投入，聚焦吸入给药、抗体技术、缓释微球及脂微乳等技术平台建设，不断提升研发创新能力，提升竞争力。近 3 年研发投入分别为 12.6 亿元、18.5 亿元和 17.6 亿元，以 2021 年研发投入规模计，健康元在已上市的综合性制药企业中位列第五。报告期内，健康元凭借扎实的研发生产实力和稳健的市场推广能力，成功入选 2021 年度中国化药企业 TOP 100 排行榜前 10 名和"2022 中国药品研发综合实力排行榜"百强企业。

金方表示，随着健康元以吸入制剂为代表的高壁垒复杂制剂新产品陆续上市，商业化兑现将逐步进入稳定贡献期，健康元的产品结构将得到持续优化，对单一产品的依赖度也会逐渐降低，这是加大创新为企业带来的持续增长效应的体现。

从仿制到创新，健康元攻克全球首个支气管扩张症用药

2022 年 7 月，健康元妥布霉素吸入溶液成功上市，填补了全球吸入制剂治疗支气管扩张症的空白，也是国内首个上市的吸入抗生素，也标志着吸入制剂由仿到创，从跟跑、并跑到领跑的华丽转身。

支扩症是以支气管永久性扩张为特征的慢性呼吸系统疾病，气道重塑病变难以显著逆转。支扩症在全球的发病率和患病率均呈增长趋势，尤其以中国患者居多。妥布霉素为氨基糖苷类抗生素，抑菌方式为浓度依赖型，传统的全身给药肺组织穿透性差，肺局部药物浓度低，细菌耐药风险高，且因体内药物暴露量高易出现耳毒性和肾毒性，这些特性均限制了稳定期支扩症患者的长期用药需求。

负责牵头这一新药研发的金方介绍，健康元研制的妥布霉素吸入溶液通过改变给药途径，由静脉注射变为局部吸入，在提高肺部局部有效药物浓度的同时避免了全身毒性，亦显著降低了耐药风险，适用于长期维持治疗。此次批准主要基于一项验证性Ⅲ期临床试验，这也是国内首个针对支气管扩张症的随机、双盲、全国多中心、大样本量的临床研究。

该临床试验在广州呼吸疾病研究院钟南山院士的主持下，全球自主首创了双临床疗效研究终点：细菌负荷改变和支扩症患者生活质量评分，并取得了全球首次双阳性的显著疗效性结论，且安全性良好。

吸入制剂为典型的复杂制剂，在临床治疗中具有诸多优势，是国家优先鼓励和支持研发的品种。健康元响应国家号召，率先布局呼吸系统用药，重点突破吸入制剂研发生产的高技术壁垒，打破跨国药企垄断局面，为众多患者提供了更多质高价优的用药选择。金方深有感触地说："医药研发素有高投入、高风险、高收益和周期长，三'高'一

'长'的特点，医药行业是生命科学最新最前沿技术不断革新、应用的领域，是我国大健康领域的重要组成部分。朱保国董事长领导下的健康元不畏艰难，始终坚守'为健康、为明天'及'用心做好药新药'的愿景与使命，专注发展医药主业，坚定执行创新药与高壁垒复杂制剂双轮驱动战略，稳健经营。同时，深圳素来重视生物医药产业的发展，为企业技术攻关、产业落地等提供了诸多实惠措施。面向未来，健康元将继续坚守产品品质、专心研发，在传承与创新中砥砺前行，成长为具有行业影响力的制药企业，为建设健康中国做出更大贡献。"

图5-5　2022年金方荣获深圳市高质量发展先进人物称号

【高质量发展指南针】
关注临床需求，坚持不断创新

健康元集团一路走来，成绩斐然：从保健品企业成功转型为制药企业，再从化学制剂成功进军吸入制剂。健康元旗下拥有健康元、丽珠医药两家上市公司，聚焦创新药及高壁垒复杂制剂，已打造出两大 10 亿元级别单品。健康元多年坚持创新驱动发展，自主研发的产品在呼吸、抗感染、消化道、精神及肿瘤免疫等多个治疗领域方面形成了明显的市场优势。尤其近 10 年来，健康元瞄准百亿呼吸吸入制剂市场掘金，已经发展成为国产吸入制剂的龙头企业。

作为健康元集团新的业务增长点，吸入制剂等高端制剂产品的产业化做得顺风顺水，其研发领军人物是金方博士，她是全程参与我国吸入制剂从无到有的发展和标准建立过程的国内著名专家。金方总结了三点经验：一是切实关注临床需求，坚持问题导向，比如，成功研制健康元妥布霉素吸入溶液，填补了全球吸入制剂治疗支气管扩张症的空白，解决了支气管扩张症的临床用药问题；二是注重搭建技术平台和解决共性问题，健康元重点打造了单抗、吸入制剂、脂微乳以及缓释微球四大研发平台；三是组建技术过硬的研发团队，整合各方资源，坚持初心，不畏艰难地做好技术攻关。2012 年，金方承担了联合国的一个调研项目，调研我国哮喘和慢阻肺领域临床用药情况。这次调研令她震惊，95% 以上的临床用药均是进口产品，科研成果并没有转化成产品。从事制剂研究 20 余年，她自己就研发成功了近 10 个项目，并拿到生产批件，但在此次调研中，她并没有看到在临床上使用。

"当时我非常吃惊，这个吃惊就带来了一种深度思考 —— 作为一名科研人员，我的价值究竟是什么？是一个个的专家头衔和一个个政府支持的项目吗？如果我们的研究产品不能面市，科研不能转化为生产力等于什么都没有做，我的'产品'只能是实验室里的一个个样品和展品。所以我决心一定要走到企业去，走到生产一线，把自己的科研成果真正转化为产品，实现一名科研人员的社会价值。"金方说道。

她对企业高质量发展有独到的认识："高质量发展，其实就是能够很好地满足人民日益增长的美好生活需要的发展，是体现新发展理念的发展，是创新成为第一动力、协调成为内生特点、绿色成为普遍形态、开放成为必由之路、共享成为根本目的的发展。企业的高质量发展就是以能更大力量、更前瞻地、更集智地去满足这些社会发展要素为目标。健康元一直在不断深耕创新药与高壁垒复杂制剂，以提供好药、新药去解决人们对高质量健康生活的需要。我们已经在利用 AI 药物开发技术去做创新药，利用绿色生物合成技术去实现人与环境的和谐发展，利用智能化给药装置帮助患者精准、定量、按时给药并减少患者痛苦。企业的发展不再是单一维度，而是向更优、更准、更和谐的多维度发展。"

（作者于 2023 年 4 月采访金方博士，本文中的数据截止于 2023 年 3 月。）

【案例赏析 二】

积木易搭：全力以赴打造 3D 内容服务平台

企业档案：深圳积木易搭科技技术有限公司是全栈式 3D 数字化解决方案提供商，搭建国内领先的 3D 云设计产业平台。积木易搭曾获评"2020 深圳高科技高成长 20 强"；2021 年，积木易搭获得 2 亿元的 B 轮融资；2022 年 8 月，获批第四批国家级专精特新"小巨人"企业。

2024 年 4 月，"爱迪生奖"（Edison Awards）获奖结果揭晓，深圳积木易搭科技技术有限公司（以下简称"积木易搭"）的便携式三维扫描仪 Seal 从全球近 400 项产品中脱颖而出，荣获爱迪生发明奖——"工程与制造工具"品类最佳产品银奖。这是积木易搭继 Moose、Seal 获德国红点设计奖后的又一荣誉，标志着积木易搭的研发实力再获得国际知名机构认可。

早在 2022 年 3 月，互联网周刊发布"2021 未来感科技企业 TOP100"榜单，作为国内领先的

图5-6　积木易搭创始人、董事长孙剑峰

图5-7　积木易搭荣获"2021粤港澳大湾区新经济企业TOP100"

全栈式 3D 数字化解决方案提供商，积木易搭凭借其在 3D 数字化和产业元宇宙领域的多年深耕和积累，与华为、阿里云、百度等明星科技企业一同入选榜单。

积木易搭创始人、董事长孙剑峰低调而谦和，很少接受媒体采访。在过去的 3 年里，积木易搭逆势而上，已为格力、华为、浪潮、京东、施耐德等多个行业品牌客户以及多个国内大型展会提供产业元宇宙解决方案，在行业内声名鹊起。在产业元宇宙领域，积木易搭利用 3D 数字化软硬件一体化解决方案，聚焦产业元宇宙的基础设施建设，在 3D 数字内容生成工具、3D 数字内容交互展示、产业元宇宙场景构建等方面均推出了创新应用工具，并能够为全行业打造产业元宇宙营销综合解决方案，助力各行业的产业元宇宙转型。

设计师变身成功的创业"弄潮儿"

1995 年，孙剑峰从郑州轻工业学院工业设计专业大学毕业后，南下深圳，入职深圳海外装饰公司，担任设计师。

孙剑峰具有出色的设计天赋，采用各种前卫的手法，使其设计作品充满了魅力和深度，曾经承担了南京禄口国际机场航站楼、厦门国际会展中心和厦门国家会计学院的室内设计以及武汉巴登城整体规划设计、无锡嘉业国际城建筑设计等知名项目。

从专业水准上看，孙剑峰成绩斐然；在商业运作上，他也颇有建树。1995 年与朋友谢江一起创办清水爱派，参与收购了美国爱派建筑事务所股权，2015 年清水爱派公司成功登陆新三板；2008 年，联合成立苏州市嘉欣房地产开发有限公司，2009 年成立深圳启恒投资有限公司。孙剑峰曾连续担任无锡嘉启房地产开发有限公司、深圳美上启德科技有限公司、深圳启德艺术品有限公司等多家企业董事长的职位。

"在房地产、装修设计行业，我工作了 20 多年，这些都属于传统产业，我得以实现了财务自由，过上了富足的生活。"孙剑峰说，"我的性格中很多地方并不适合做这些传统的生意，比如，做生意这么多年，我竟滴酒不沾，虽然我一直是做乙方，可我的性格并不是求人的性格，我梦想能在一个全新行业里去创业，能够做自己认为值得去做的、更能体现自己价值的事情，到我 47 岁这年，我终于找到了新的创业方向。"

倾尽全部家产投身二次创业

2015 年，孙剑峰决定从事 3D 数字化领域创业的时候，却遭到身边亲友们的纷纷反对。即使在这种情况下，孙剑峰仍注册成立了积木易搭公司，开始孤注一掷的二次创业生涯。

"他们都看不懂 3D 技术，因此对我的选择表示不可理解，创业最初几年里我倾尽家产，甚至不惜卖掉了所有的住房，在深圳租房住，上亿元的身家全投入到第二次创业中去的时候，几乎所有的人都以为我疯了。"孙剑峰自我解嘲地笑笑，"我的妻子是非常信任我的，创业投入了这么多钱，她从来没有提出任何反对的声音。"

积木易搭公司起步的时候，曾让孙剑峰狠狠地呛了一大口水。因为不懂技术，他曾被合伙人欺骗，2016 年 4 月，孙剑峰把初始创业团队 60 多

图5-8　积木易搭武汉产研中心：产品生产与测试现场

人裁掉了绝大部分，仅保留8人。他连续一个月坐在咖啡厅里，不断地问自己："我需要什么？该何去何从？3D数字化行业真的值得我如此投入吗？"

经过不断地追问，他仍坚信3D数字行业是一个超级赛道，之所以失败只是没有选对人而已。根据行业人士的建议，他决定到武汉寻找三维重建的技术高手。

武汉大学、华中科技大学等高校培养了一大批三维重建领域的拔尖创新人才，遥感学科长期位列学科排行榜的榜首。孙剑峰慕名前往，在武汉逗留了两个多月，其间聘用了80多位年轻的研发人员，包括测绘专业多名硕士和博士，于2016年7月成立了武汉尺子科技有限公司。

"2016年到2018年的3年里，我们团队埋头研发，不停地打磨产品。没有一个营销人员，没有任何销售收入，也没有获得投资机构的关注。"孙剑峰介绍，由于是他一个人投资，因此把研发布局做成了一个闭环。从3D扫描硬件到3D数字引擎软件，再到3D数字化场景营销展示服务平台，这三大系列产品一应俱全。

具体而言，在3D数字内容生成的硬件方面，积木易搭推出多款高精度的专业级、消费级3D扫描硬件；软件平台方面，积木易搭打造了3D数字内容互动展示平台——51建模网和3D数字化场景营销展示服务平台——视创云展。通过将海量3D数字内容、虚拟数字IP/虚拟数字人、服务端API/上链、数字场景等融为一体，在Web端打造3D数字化展示、沉浸式体验的产业元宇宙综合解决方案。

站上元宇宙的风口，赢得先机

对于孙剑峰这样一群痴迷于 3D 技术的创业团队，市场营销从创业之初就是一个短板。

2020 年 4 月 8 日，当时的积木易搭对 3D 扫描新产品缺乏推广策略和营销经验，正在一筹莫展的当口，国家博物馆信息部给积木易搭总经理丁勇打来电话："你们能否在 4 天之内做出一个 1000 平方米的 3D

展厅？4 月 24 日要用来举行东方红卫星发射 50 周年纪念活动开幕式。"孙剑峰和丁勇当机立断，说可以做出来，而且免费提供给国家博物馆使用。原来积木易搭已经给国内约 50 家博物馆做过文物建模服务，所以国家博物馆对积木易搭的技术水平是有所了解的。

图5-9 郑州博博会积木易搭工作人员演示Magic Wand人体扫描建模过程

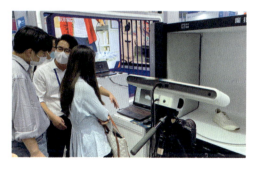

图5-10 高交会积木易搭工作人员演示MP80 Pro扫描建模过程

4 月 23 日晚上，积木易搭加班加点把 3D 展厅搭建好。次日中午获得消息，国家博物馆决定采用积木易搭做的方案进行 3D 展示。上千万人次线上观看了"东方红卫星发射 50 周年 3D 展厅"，这让积木易搭的 3D 展示技术一炮走红。华为云、浪潮、无印良品等纷纷慕名而来，一线品牌都争先恐后地成为积木易搭的战略合作伙伴。

此后，智博会、文博会、中阿博览会、中非博览会等等，积木易搭通过国产自研三维展示及交互引擎的能力，为主办客户解决了线上展览和沉浸式游览、观展的需求，同时也从根基上解决了数据安全的顾虑。

再如，汽车、家电领域的客户，消费者在采购消费前对消费品的体验要求是非常高的，但传统的线上平面、视频无法解决体验、交互的难题，有了积木易搭的 3D 单品展示互动的引擎，就能将客户的商品进行 1:1 的仿真，并且能结合商品的使用方法、场景进行可交互式的三维立体展示、AR/VR 展示，极大地降低了客户体验的成本，缩短了消费决策的周期。

针对电商平台，积木易搭通过商品 3D 数字化、门店 3D 数字化、线上门店 VR/AR 体验，为数码家电类企业提供 3D 智慧门店解决方案；通过 3D 数字化橱窗、商品 3D 数字化和 VR/AR 体验，为电商、零售类企业打造 3D 数字化营销解决方案。

积木易搭通过元宇宙展厅、云洽谈、云交易为全行业打造元宇宙展销方案。通过"场馆 3D 数字化 + 藏品 3D 数字化 + 数字化存档"、智慧管理系统，为博物馆、文旅等机构打造数字文博文旅解决方案。

孙剑峰表示，积木易搭非常注重知识产权的创造和保护工作，知识产权是企业搏击市场的"护身符"和"撒手锏"，截至 2023 年 4 月底已经申请 3D 发明及实用新型专利 88 项，软件著作权 82 项，获得国家高新技术企业认证和国家级专精特新"小巨人"企业称号。

经过几年的技术沉淀，积木易搭从 3D 数字化技术入手，如今已经站在了元宇宙产业的风口之上。根据彭博社（Bloomberg）分析师预测，到2030年，元宇宙或将拥有数万亿美元的市场机会。毫无疑问，元宇宙将是未来几年值得关注的重要趋势。元宇宙的快速发展将为许多企业和行业带来巨大商机。

有情怀创业者的融资奇遇记

2019年，积木易搭刚推出第一款产品——3D扫描仪，就组建了一支销售团队，这时，孙剑峰同步启动了融资计划。

同年底，积木易搭进行了A轮融资，深投控给予第一笔投资2600万元，这是孙剑峰为积木易搭找到的第一笔投资。

2021年5月，博将资本的一名投资经理跟孙剑峰聊了两个小时，就邀请他去杭州见博将资本创始人罗阗。会见之前，孙剑峰很认真地准备了商业计划书和3D扫描设备演示系统，但罗阗并没有看他的产品展示和计划书，而是开门见山地问道："我对三维技术很了解，你为什么创办积木易搭？"

孙剑峰坦诚地说："绝大多数投资机构要看企业的营收多少，还要问我市场增量如何，赛道潜力大不大。今年是我创业第6个年头，我们还没有太多的市场营收，但我用了20多年创业积累的个人财富1.3亿元全部投入到积木易搭，因为我坚信这个赛道是超级赛道，我认为人类文明从语言到文字、再从二维照片到三维成像，这个是必由之路，然而我国缺少自主品牌的三维成像软硬件工具，我选择三维成像领域创业，就是看好它未来的潜力十分巨大。"

罗阗对眼前这位"霸蛮"的湖南籍创业者肃然起敬，从他身上看到既有艺术家的气质，还有文化人的儒雅，更有创业者的坚定。而罗阗秉持为社会创造价值，一直是博将资本投资时重要的决策考量。博将资本曾提出"资本向善"的理念，罗阗认为，只有解决社会问题，创造社会价值，这样才能造就有生命力的企业，资本也会得到相应更好的长期回报。而像积木易搭研制国产的 3D 数字内容生成软硬件工具及平台的企业无疑具有很好的社会意义和巨大的发展前景。就这样，不到 10 分钟的会面，罗阗说道："投资就是投人。"于是决定给予积木易搭数千万元的投资。

2021 年底，积木易搭顺利完成 B 轮融资，博将资本、前海母基金、深创投一共投资 2 亿元，为积木易搭的研发和市场开拓注入了宝贵的资金血液。

成为华为云优秀合作伙伴

2024 年初，积木易搭获得"华为云 2024 年度优秀伙伴奖"荣誉，而这项荣誉的取得来之不易。

积木易搭和华为云合作源自一个项目客户对"国产化引擎＋等保（信息安全等级保护）安全"的要求，当时客户要求要通过"鲲鹏认证"，此项认证是由华为公司组织发起的国产引擎测试及安全认证。在双方对接过程中，孙剑峰发现华为云在做一件对国内 toB 服务行业意义重大的事情：以云为底座配合伙伴的应用能力为中国乃至全球的企业提供标准化、高性价比、高效实用的数字化解决方案。

"这个理念和我们的产品及经营理念不谋而合，于是双方开始深度合作，逐步在数字会展、企业营销、数字政务、数字文化等领域为终端客户提供了满意的产品及方案，我们的理念非常一致：获得客户认可的合作才是成功的合作，借用华为公司文化的一句话'解决客户问题的问

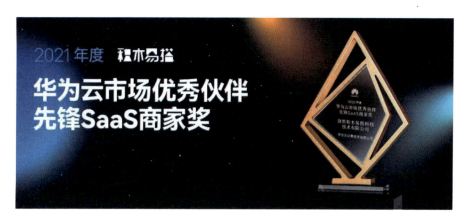

图5-11　2021年华为云市场优秀伙伴先锋SaaS商家奖

题，才是企业要深度思考的问题'，我们合作非常愉快，相信随着元宇宙产业的兴起，我们的合作领域会越来越广阔。"孙剑峰透露，作为将数字能力引入现实世界、实体经济的接口，产业元宇宙将会是实现企业面向元宇宙新发展趋势进行转型升级的新方向，产业元宇宙将给人们的生产与生活方式带来全新的面貌。产业元宇宙的发展离不开海量、高质量的 3D 数字内容的展示与应用，积木易搭未来拥有巨大的发展空间。

深爱着深圳这片创业沃土

孙剑峰曾经在北京、上海、苏州、无锡创办过企业，而他对选择深圳二次创业十分满意："南山区把创业者当作了人才给予尊重和照顾，让我们创业没有后顾之忧。优越的创业环境并不是指提供免费的场地，而是各种软硬件环境十分适宜人们居住和工作。深圳不仅投融资环境好，而且政府办事效率高，这些都是国内首屈一指的。"

在一流的创业环境里，积木易搭奋勇争先。从 2020 年到 2023 年，积木易搭营收以每年 100% 的增长速度在发展，高精度 3D 扫描仪远销海

图5-12　2022年积木易搭入选第四批国家级
专精特新"小巨人"企业

外30多个国家和地区，每个月有上万台订单，并且成功申请了多项海外专利。

孙剑峰表示，通过以3D数字化工具搭建3D数字化场景，以3D数字化场景驱动人与人、人与物的交互，以交互生产内容，积木易搭全栈式的服务能力能够让各行各业以极低的成本进入产业元宇宙转型发展行列，打造差异化竞争力。未来，积木易搭也将不断深耕技术与产品创新，在产业元宇宙领域持续关注应用场景，赋能全行业降本增效，相信积木易搭一定可以成为3D行业里的佼佼者。

【高质量发展指南针】
连续创业者的成功之道是"坚持"

孙剑峰是一个连续创业者，也是一个跨界的创业者。他曾创办过装修设计公司、房地产公司、艺术品公司，如今在3D数字化赛道上进行着艰苦卓绝的二次创业，积木易搭于2022年底获批国家级专精特新"小巨人"企业。

那么，连续创业者从事跨界的二次创业有何优势呢？他的成功秘诀是什么？孙剑峰说："作为连续创业者，我会深度理解创业领域，从技术、行业文化、前景多方面多维度思考。我们的经验或教训其实就两个字：坚持。而如何确保能坚持下去就要做到个人的坚持、文化的坚持、团队的认同与坚持、对创业价值及初心的坚持。"

孙剑峰在选择创业赛道的时候，曾向很多行业里的专家请教。由于自己从事设计专业，所使用的制图设计软件都是清一色的洋品牌，一位年轻的设计师告诉他，未来渲染的工作都是机器人干，出一幅图只需要 10 秒钟。他当时就想：3D 技术是人类的未来，而 3D 渲染是必不可少的一种技术手段，那么能否自己做出一款 3D 数字内容生成工具呢？"我不是做技术研发出身，但我知道我需要用什么工具，我最初的想法就是要做中国人自己的三维设计软件和三维展示技术。"

当确定了目标之后，就是对这个初心的坚持。没有人才，就去高校找人；没有资金了，就卖房子筹款；没有市场，就抓住机会先做个标杆项目。创业过程每一步都是惊心动魄，九死一生。

他说："技术是要实时升级更新的，不进则退，我们下一步的产品规划一直不会改变，那就是让我们的产品和技术成为一个行业或产业的基础设施，同时要保持我们算法、技术效率的不断提升。让更多的行业、客户通过我们最新的技术实现企业的降本增效，并逐步将行业定制产品打造成标准化的产品，能让更多的企业高性价比地进行 3D 数字化转型升级落到实处。"

连续创业者，普遍强调社会使命和责任担当。就像孙剑峰所言："我坚信自己在做一件有意义的，可以改变社会的事情，所以我并不觉得苦。如果没有人去研发国产的三维扫描硬件和 3D 展示平台的最新技术，那么这些领域都将一直受制于外国企业，对国内元宇宙产业未来发展极为不利。当我们做的事业有社会价值的时候，团队成员会很团结，很有凝聚力和战斗力，这带给我更大的信心和满足。"

结　语

全面激发企业高质量
发展的内生动力

2017 年，自党的十九大做出"我国已经由高速增长阶段转向高质量发展阶段"的重大判断以来，推动高质量发展，成为当前和今后一个时期我国确定发展思路、制定经济政策、实施宏观调控的根本要求。2022 年，高质量发展迈入新阶段、新征程，党的二十大报告指出"高质量发展是全面建设社会主义现代化国家的首要任务"，"加快构建新发展格局，着力推动高质量发展"，为我国的高质量发展吹响了新的号角。

现阶段我国经济调整的困难在于当经济潜在增长率出现明显下降的同时，经济增长的报酬递减规律也在同时发生，形成双重压力。改变这一趋势唯一的出路是通过提高创新能力，注入新的报酬递增动能，从根本上扭转报酬递减规律的影响，实现由要素投入驱动（主要是投资驱动）向创新驱动的转换。

毋庸置疑的是，深圳在高质量发展方面取得了显著成绩，市委、市政府通过卓有成效的经济发展政策，面向前沿抢先布局，全面激发企业高质量发展的内生动力，着力发展新质生产力，深圳经济锻造出更强的发展韧性。

深圳迈入高质量发展阶段，质量效益成为深圳发展最显著特征。近年来，深圳市委、市政府全力推动"深圳速度"向"深圳质量"转变，重点抓规划、抓服务，出台全国首部质量"基本法"——《深圳经济特区质量条例》，为把深圳建设成质量强市营造良好的政策环境、市场环境和法治环境。过去，深圳以生产总值为本制定城市发展战略，今天，深圳围绕全体市民的需要和福祉来拟定城市发展战略，包括经济建设、政治建设、文化建设、社会建设和生态文明建设"五位一体"的全面建设规划，深圳在践行中央提出的"五大发展理念"方面位居全国领先地位。

深圳企业稳扎稳打，敢闯敢试，发展活力令人瞩目。作为深圳第一大支柱产业，高新技术产业形成了一批创新型企业群体，全年国家级高新技术企业数量新增 1000 家以上，达到 2.4 万家。科技型中小企业突破 2.33 万家。全市 33 家企业入选 2023 年全球独角兽企业榜单，并列全球第六。①

在激烈的市场竞争环境下，深圳企业练就了一身过硬的本领，对创新的追逐也融于基因和血脉中。深圳企业家对高质量发展的理解更为深刻，用丰富的实践与思考诠释了高质量发展的内涵：第一，高质量发展的核心是质量，质量是企业竞争力的重要标志，企业需要注重产品和

---

① 闻坤. 年度盘点 | 深圳科技创新十件大事：科技创新引领产业创新动能十足 [N/OL]. 深圳特区报，2024-01-03[2024-12-01]. https://www.sznews.com/news/content/2024-01/03/content_30681151.htm.

服务的质量，提高生产效率和管理水平，不断提升品牌价值和市场竞争力；第二，高质量发展的另一个重要方面是效益，效益是企业发展的重要指标，企业需要注重效益的提升，实现经济效益、社会效益和环境效益的协同发展；第三，高质量发展的必由之路是自主创新，因为自主创新能使企业掌握核心的技术，创新自有的品牌，拥有自主知识产权，开拓国际市场。

高质量发展的经济就是动力强大、活力强大的经济。笔者坚信，当一座城市拥有了成千上万家企业投身于高质量发展事业中，她必能乘风破浪，迎难而上，在新一轮科技革命和产业革命中赢得宝贵先机。

作者简介 **书 贤**

　　深圳本土作家，从事经济、科技、创业类题材创作 10 余年，其创作的《深圳创业故事》（俄文版）成为 2024 年度深圳唯一入选"丝路书香工程"立项的出版项目；《创客志：中国创业经典案例研究》系列被列入"十三五"国家重点规划项目。还参与主编了《华为创新三十年：解密华为成功基因丛书》《粤港澳大湾区战略性新兴产业研究》等多部科技创新类书籍，受到读者广泛好评。

　　联系方式：zkjhwh2016@163.com

图书在版编目（CIP）数据

迈向高地 ：深圳高质量发展探索与实践. 企业卷 /
王小广主编 ；书贤著. -- 深圳 ：深圳出版社，2025. 2.
ISBN 978-7-5507-4170-6

Ⅰ. F127.653

中国国家版本馆CIP数据核字第2024BW0892号

迈向高地：深圳高质量发展探索与实践 企业卷

MAIXIANG GAODI : SHENZHEN GAOZHILIANG FAZHAN TANSUO YU SHIJIAN QIYE JUAN

出 品 人　聂雄前
策划编辑　韩海彬
责任编辑　敖泽晨
责任校对　熊　星
责任技编　郑　欢
封面设计　Design　QQ:29203943

出版发行　深圳出版社
地　　址　深圳市彩田南路海天综合大厦（518033）
网　　址　www.htph.com.cn
订购电话　0755-83460239（邮购、团购）
设计制作　深圳市龙瀚文化传播有限公司 0755-33133493
印　　刷　中华商务联合印刷（广东）有限公司
开　　本　787mm×1092mm 1/16
印　　张　13.25
字　　数　169 千
版　　次　2025 年 2 月第 1 版
印　　次　2025 年 2 月第 1 次
定　　价　88.00 元